여왕과 야성녀

LINDA JAROSCH / ANSELM GRÜN
KÖNIGIN UND WILDE FRAU
Lebe, was Du bist!

Copyright © 2004 by Vier-Türme GmbH
D-97359 Münsterschwarzach Abtei
All rights reserved.

Translated by HAN Chung-Shik
Korean translation copyright © 2008 by Benedict Press
Waegwan, Korea

Published by arrangement with Vier-Türme GmbH
Münsterschwarzach, Germany

여왕과 야성녀
2008년 5월 초판
2013년 4월 신정판(4쇄)
2018년 6월 5쇄
옮긴이 · 한충식 | 펴낸이 · 박현동
펴낸곳 · 성 베네딕도회 왜관수도원 ⓒ 분도출판사
찍은곳 · 분도인쇄소
등록 · 1962년 5월 7일 라15호
04606 서울시 중구 장충단로 188(분도출판사)
39889 경북 칠곡군 왜관읍 관문로 61(분도인쇄소)
분도출판사 · 전화 02-2266-3605 · 팩스 02-2271-3605
분도인쇄소 · 전화 054-970-2400 · 팩스 054-971-0179
www.bundobook.co.kr

ISBN 978-89-419-1305-4 03230

이 책의 한국어판 저작권은
Vier-Türme GmbH와 독점 계약한 분도출판사에 있습니다.
저작권법에 의해 한국 내에서 보호를 받는 저작물이므로
무단 전재와 무단 복제를 금합니다.

여왕과 야성녀

안셀름 그륀,
여자를 말하다

안셀름 그륀 · 린다 야로슈 지음
한충식 옮김

분도출판사

차례

들어가며 • 7

1 하와 | 어머니 • 15
2 사라 | 웃는 여자 • 35
3 하가르 | 버림받은 여자 • 49
4 타마르 | 야성녀 • 65
5 미르얌 | 예언자 • 85
6 드보라 | 판관 • 97
7 룻 | 이방인 • 111
8 유딧 | 여전사 • 123
9 에스테르 | 여왕 • 139
10 마리아 | 변화를 일으키는 여자 • 157
11 마리아 막달레나 | 사랑 • 173
12 한나 | 현자 • 191
13 마르타와 마리아 | 여주인과 예술가 • 201
14 리디아 | 여사제 • 211

맺으며 • 221
참고문헌 • 229

들어가며

🅰 안셀름 그륀 _ 어떤 여자들이 스스로를 여왕 혹은 야성녀라고 생각할까? '여왕과 야성녀!' 여자들은 이 두 여성상에 매력을 느낀다. 그러나 안타깝게도 여자들은 이 여성상의 일면만 보는 듯하다. 오늘날 여자들은 자유와 독립을 갈망한다. 그들은 자기 안에 숨은 잠재성을 찾아 나선다. 직업, 누구의 아내 혹은 어머니로 자신이 규정되는 걸 원하지 않는다. 여자들은 자신의 삶을 살고 싶다. 타인의 기대가 아니라, 자신만의 능력으로 스스로를 정의하고 싶다. 자신에게 어떤 힘이 있는지 찾고 싶어 한다.

그 길에서 여자들은 '여자 됨'을 이해하지 못하며 홀로 있다는 느낌에 힘겨워한다.

린다 야로슈_ 국제 여성의 날 행사에 아프리카 여자 몇 명이 참가했다. 그들은 "개인으로 보면 아프리카 여자는 독일 여자만큼 강하지 못하지만, 뭉치면 독일 여자들보다 더 큰 힘을 발휘한다"고 말했다. 독일 여자들은 항상 삶에 불만스러운 표정이라고 덧붙였다. 사실 오늘날 여자들은 (남들이 보기에는 물론이고 자기 스스로도 받아들이기 힘든) 희생자 역할에서, 자기 비하에서 벗어나려고 애쓰고 있다. 그들은 자기가 여자임을 신뢰한다. 자신의 불행을 남자 탓으로 돌리지 않는다. 여자들은 살면서 입은 상처와 화해하고 내면의 자유를 향한 길을 가고 있다.

A 여자는 자신을 존중한다. 자신이 여자임을 소중하게 여긴다. 더 이상 여자를 깎아내리는 말로 작아지지 않는다. 여자의 가치를 안다. 그 깨달음이 여자임에 기쁨을 부여하고 삶에 활력을 불어넣는다. 이제는 자기를 살아 내는 여자가 많다. 여자들이 함께하면 함께 울 수 있다. 그보다 진정으로 웃을 수 있다. 이 웃음에는 힘이 숨어 있다. 함께 웃을 때 여자들은 자기 자신을 산다. 남 탓만 하지 않는다. 책임 전가는 삶에 방해가 될 뿐이다.

1970년대 여성운동은 무엇보다 남녀평등을 외쳤다. 여자를 전통적 역할에 끼워 맞추려는 진부한 사고방식에 반기를 들었다. 여자의 고유함과 남녀의 다름을 강조하기보다 여자를 남자의 역할에 맞추려는 위험에 빠지기도 했다. 오늘날 여성운동은 여자의 권리 신장도 중요하지만, 남녀의 다름을 분명히 드러내야 한다. 여자와 남자는 생물학적으로 다르다. 이 다름에는 나름의 특별한 가능성이 있다. 이때 여자가 특정한 여성상에 고착되어서는 안 된다.

스위스 취리히 대학 교수 노르베르트 비쇼프와 도리스 비쇼프쾰러는 생물학과 발달심리학에 근거해 다음과 같이 밝혔다. 여자와 남자는 원시시대부터 성, 출산, 양육, 양식 조달과 관련해 서로 다른 행동 양식을 발전시켰다. 생물학적으로 보아도 인간 존재의 기원에서부터 축적된 것들을 지금 간단히 뒤집을 수는 없다.

사회학은 교육으로 인해 남녀의 다름이 발생했다고 주장한다. 옳지 않다. 남녀는 유아기 때부터 성공과 실패를 바라보는 태도가 다르다. "남자 아이는 성공을 자기 능력의 결과로 보고, 실패는 운이 없거나 외부 요인 탓으로 돌린다. 여자 아이는 성공을 '운이 좋았다'고 하고, 실패는 자기 탓으로 돌린다"(Bischof 113). 비쇼프 부부에 따르면 남녀를 동등하게 대하는 것은 여자에게 불리하다. 성패가 언제나 남자의 기준에 의해 정의되기 때문이다. "실제적 평등은 사람들이 남녀의 다름을 진지하게 받아들이고, 사회화 과정에서 남녀의 장단점을 고려할 때 도달할 수 있다"(같은 책 115).

남녀를 똑같이 만들어 버리면 너무 단조롭다. 남녀의 다름은 서로에게 자신의 고유한 에너지를 선사한다. 영감을 주는 긴장을 만든다. 이 다름은 풍요로움과 다양성을 의미하는데 이는 생동하는 관계의 기본 전제가 된다. 오늘날 여자에게 필요한 것은 평등한 대우가 아니다. 자기 자신에 대한 용기다. 여자는 자기 가치를 남자의 이상에 맞출 것이 아니라 자기 정체성에서 발견해야 한다. 여자는 자신만의 여성성을 찾아야 한다. 그래야 남녀가 동등한 기회를 갖는다.

남자를 위한 책, 『사랑한다면 투쟁하라』에서 성경 속 열여덟 남자를 통해 남자에게 속하는 원형을 소개했다. 그 원형들은 남자뿐 아니라 여자에게도 해당된다. 이 책에서도 여자에게 속하는 원형을 성경 속 여자들에게서 찾아 소개하려고 한다. 성경 구절과 그 배경 연구는 중요하지 않다. 성경 속 인물에서 발견하는 원형을 살펴보는 것이 중요하다.

요즘은 부정적 여성상이 과장되어 있다. '치케'Zicke(원뜻은 암염소. 변덕스럽고 까탈스러운 여자를 폄하해서 쓰는 말)가 더 잘사는 것처럼 여겨지고, 복수의 여신 푸리아를 모범으로 치켜세운다. 자기를 현대판 마녀라고 부르며 이를 자랑스럽게 여기는 여자도 많다. 창녀도 모든 사회 규범을 벗어던진 자유의 표상으로 본다. 나는 이런 왜곡에 맞서 성경 속 여자들을 통해 다양한 여성상을 올바르게 제시하려고 한다. 대중매체에서 드러나는 부정적 상들 안에도 한 조각 진리가 숨어 있다. 그 본디 의미와 힘이 나타나려면 원형을 통한 정화가 필요하다.

그리스의 한 여류 작가는 여자를 위한 일곱 가지 원형에 대해 썼다. 사랑하는 여자, 어머니, 여사제, 예술가, 여전사, 여왕, 야성녀. 우리는 비슷한 방식으로 원형 열넷을 뽑아 성경 속 여자와 관련지어 보았다. 예로부터 열넷은 치유의 숫자다. 바빌로니아인들에게는 도움의 신 열넷이 있었다. 그리스도교에도 수호성인 열넷이 있다. 열넷은 여성적인 숫자다. 여자들에게 중요한 의미가 있는 한 달 주기의 절반을 나타낸다. 우리는 성경 속 여자 열넷의 원형에서 여자의 본질과 그 안에 숨어 있는 가능성이 표현되리라 믿는다.

이 책에 소개하는 원형들은 여자에게 자기 본질을 발견하게 한다. 내적으로 풍요롭게 살 수 있도록 돕는다. 이 원형들은 잘

못된 여성상으로 인해 입은 상처를 치유하는 길을 알려 준다. 온전한 나, 나만의 '행복'을 발견하도록 도와줄 것이다.

^L여자를 위한 이 책 제목을 여러 원형 중 『여왕과 야성녀』로 정했다. 이 두 원형에 여자를 살아 있게 하는 근본적 특성이 가장 잘 표현되어 있다. 이 둘은 함께 에너지를 발산한다. 여자가 여왕과 야성녀를 자기 안으로 들어오게 하면 그 힘으로 다른 원형들도 받아들일 수 있다. 그 원형이 여성운동에서 늘 논란이 되는 어머니, 사랑하는 여자, 예술가 또는 예언자의 상이든 말이다.

^A제목이 도발적으로 보일 수도 있겠다. 어떤 이들은 이런 제목을 유행쯤으로 치부할지도 모른다. 우리는 '여왕과 야성녀'의 원형이 여자를 자신의 고유한 본질로 이끈다고 믿는다. 그러면 자기 영혼에 잠재된 가능성과 만나게 될 것이다. 이 책을 읽는 여자들이 이 양극을 결합할 수 있기를 바란다. 삶에 대해, 자신이 여자임에 환희를 느꼈으면 좋겠다.
 이 책의 집필 과정에 대해 한마디 덧붙이고자 한다. 글을 쓰면서 동생과 나는 대화를 많이 나누었다. 또한 여러 여성 세미나에 쓰인 자료와 여자들이 들려준 말을 참고했다. 물론 텍스트에 대해서도 의견을 나누었다. 린다가 쓴 부분은 ^L로, 내가 쓴 부분

은 🅐로 표시했다. 우리가 일 년 넘게 나눈 대화임을 반영하고자 한 것이다. 순서는 성경의 순서를 따른 것일 뿐, 독자들은 개인에게 필요한 장을 자유롭게 선택해 읽고 그 원형에 대해 깊이 생각하고 묵상하기를 바란다.

이제 전개할 여성상을 바라보는 우리의 시각이 유일한 것은 아니다. 이 책을 읽는 여자들이 자기 나름대로 이해해서 발전시켜 나가길 바란다. 이 책은 여자에게, 다른 여자나 남자와 대화하고 그 가운데 자신의 정체성을 발견할 수 있는 용기를 주고자 한다. 여자들이 자신의 능력과 가능성을 펼치기를, 여자로 살아가는 고유한 방식에 감사하는 기쁨을 깨닫기를 바란다.

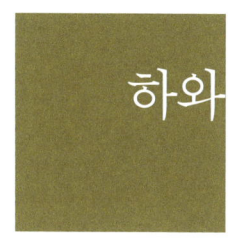

| 어머니

🅐 "사람은 자기 아내의 이름을 하와라 하였다. 그가 살아 있는 모든 것의 어머니가 되었기 때문이다"(창세 3,20). 하와는 유혹하는 여자로 자주 묘사된다. 창세기 3장에 나오는 낙원 추방 이야기로 하와의 이미지가 오랫동안 각인되었기 때문이다. 성경은 하와를 살아 있는 모든 것의 어머니라고 말한다. 하와의 여성상은 어머니와 밀접하게 연결된다. 생명은 어머니에게서 시작된다. 어머니는 생명을 낳고, 보호한다. 생명을 품고, 돌본다. 생명에 봉사한다.

요즈음에는 독신으로 사는 여자가 많다. 이들은 어머니 원형에 예민하게 반응한다. 자신에게 맞지 않는 상像에 매이는 것을 두려워한다. 그러나 독신녀들도 어머니 원형에서 배울 것이 많다. 일에 있어서나, 사람들을 대하는 방식에서 모성으로 생명을 섬길 수 있다.

미국의 여류 작가 진 시노다 볼렌은 여자의 삶에는 세 단계가 있다고 말한다. 소녀, 성인成人, 현자다. 소녀는 어떤 것에도 매이지 않고 교육, 직업, 인간관계에서 경험을 쌓는다. 성인 여자는 생물학적 의미에서 어머니가 아니더라도 강한 모성애를 발휘한다. 현자는 타인을 향해 모성애를 펼치는 것을 넘어 내면을 깊이 탐구한다.

    두 번째 단계에서 여자는 특정한 과제를 맡는다. 과제에 몰두하고 진력하면서 성숙한다. 아이를 돌보거나 다른 사람을 위해 존재한다. 경력을 쌓거나 재능을 계발하기도 한다. 봉사나 개인의 목표에 자신을 바칠 수도 있다. 이 단계에서는 통합하는 능력이 필요하고, 스스로 부담을 떠맡게 된다. 대개 그 부담은 여자가 예상했던 것보다 크지만 그 과제들은 기쁨과 슬픔을 준다. 이런 과정에서 여자는 발전한다. 자신의 창조성을 펼치기 위한 자극을 받는다.

예전에는 여자들이 어머니 역할에 고착되었다. 그 안에서 성취감을 느끼고 의미를 발견했다. 그러나 무언가 빠졌다고 느꼈다. 오늘날 여자들은 다양하게 모성애를 발휘한다. 어머니는 생명을 낳고, 먹이고, 돌보고, 같이 느끼고, 키우고, 보호한다. 이는 모든 살아 있는 것을 사랑하며 돌보고 보호하는 태도로 나타난다. 어머니 역할에서 모성을 발휘하며 거기에 몰두하며 살아가는 여자도 있다. 다른 분야에 모성을 쏟아 붓는 것이 자기 소명이라고 느끼는 여자도 있다. 어떤 방식으로든 여자는 모성을 표현하고자 한다. 거기에 자신의 여성성을 온전히 펼칠 수 있는 기회가 있다.

🅐 여자가 아이를 가질 수 없을 때 남자보다 더 큰 고통을 겪는다. 수녀나 독신뿐 아니라 자녀가 없는 기혼 여성도 마찬가지다. 아이를 갖고자 하는 바람을 포기하기까지 긴 고통의 시간을 겪는다. 그러나 이 여자들에게도 어머니의 원형이 적용된다. 그들은 자신의 모성을 다양한 방식으로 표현하며 살 수 있다.

🅑 불임으로 고통을 겪는 여자는 아이를 낳은 여자를 부러워하며 자기가 쓸모없다고 느낀다. 아이를 갖고자 갖은 노력을 했는데 실패하면 고통스러워한다. 자기에게 없는 것에 매달린다. 그러

나 아이가 없어도 살아 있음을 느껴야 한다. 스스로에 대한 모성을 가져야 한다. 자기 생명을 느끼고 자신 안에서 새롭게 솟아나는 것에 마음을 열기 위해 자신을 따뜻하게 대하고 돌봐야 한다. 그러면서 자신만의 모성을 발견해야 한다.

한 부인이 내게 수년 동안 아이를 가지려고 노력했지만, 불행하게도 희망을 이루지 못했다는 이야기를 했다. 그러는 동안 그녀는 의사나 친척들이 자기를 뭔가 모자란 사람처럼 본다고 느꼈고, 스스로도 그렇게 생각하게 되었다. 그러던 무렵 그녀에게서 온전하게 모성이 발현되었다. 친구 하나가 그녀에게 "넌 너만의 모성을 아주 소중하게 여겨야 해" 하고 말해 주었다고 한다. 그 말에 그녀는 자기를 올바로 대하게 되었고 다른 이들도 그렇게 느꼈다. 이 격려는 아이가 없어도 자신의 모성이 아주 강하다는 것을 깨닫도록 도와주었다. 지금은 더 이상 무언가 결여되었다는 느낌에 휘둘리지 않는다. 자신의 모성은 강하며, 아이를 가질 수 없어도 자신의 모성은 빼앗길 수 없다는 의식을 새롭게 세웠다. 자기 안에 새로운 생동성을 허락했고 그 순간 그녀는 자신의 어머니가 되었다.

내면에서 솟구치는 새로움에 열려 있는 여자는 언제나 어머니다. 새로움에 마음을 쏟고 평온하게 자라게 할 때 여자는 어머니가 된다. 자녀가 없어도 어머니는 항상 여성성의 일부다. 모성은 생명성을 표현한다. 이 생명성을 표현하는 방식은 여자마다 다르다. 이는 다양성을 만들어 낸다. 자신의 모성 에너지를 표현하려는 여자는 대개 다른 이들을 위해 요리하고, 돌보고, 책임지고 싶어 한다. 성장을 북돋우고, 대범하고 관대하게 다른 이들이 발전하도록 뒷받침하는 것도 모성적 에너지의 표현이다.

사람들을 위해 요리하고 맛있게 먹는 모습을 볼 때 아주 뿌듯해하는 여자들이 있다. 어떤 여자는 사람들에게 정신적 도움을 주거나 영적으로 이끈다. 사람을 건강하게 하고 발전하도록 돕는 데서 성취감을 느끼는 여자도 많다. 여자가 조직에 생기를 불어넣거나, 살아 있는 것을 보호하고 성장하도록 돕는 것은 모성에서 나오는 행동이다. 동물을 사랑으로 돌보거나 식물을 기르는 것도 모성의 표현이다.

여자가 어머니가 되면 아이에게 삶의 기쁨을 알려 주고 사랑을 쏟으며 돌보고 키운다. 아이에게 삶을 이야기해 주고 가르친다. 아이가 자신의 내면과 만나기를 바라며, 자기 감정을 솔직하게 드러내도록 돕는다. 아이가 사람들과 만나기를 즐기고, 용기 있는 사람이 되도록, 어려움을 이겨 나가도록 뒷받침한다. 이런 과정에서 여자는 자신에 대해 많이 배운다. 지금껏 경험하지 못한 방식으로 자신을 체험한다. 아이를 잉태한 순간부터 어머니는 아이와 연결되고 거기서 벗어날 수 없다. 이는 한 여자의 삶을 완전히 바꾸어 놓는다. 여자에게 아이만큼 가까운 사람은 없다. 그 친밀함에서 여자는 자기가 누구인지, 자신은 얼마나 성장했는지, 얼마나 사랑할 준비가 되어 있는지 본다. 어머니는 아이의 행동 하나하나를 같이 경험한다. 슬픔, 고집, 기쁨, 분노, 반항, 질투 같은 감정에 직접 관여한다. 어머니의 과제를 수행하며 여자는 너그러우면서도 그 한계를 명확하게 해야 한다. 이는 여자에게 자신의 생명성을 책임 있게 대하도록 요구한다. 여자는 '살아 있는 것의 어머니'가 된다는 것이 무슨 의미인지 느낀다.

🅐어머니는 아이에게 '원초적 신뢰'(인간이 태어날 때부터 모자 관계로 습득한 주위 세계에 대한 신뢰)를 선사한다. "네가 존재하는 것이 좋다. 너는 기쁘게 받아들여졌다"는 것을 전해 주어야 한다. 모성은 생명과 세상에 대한 긍정을 의미한다. 세상은 우리가 태어나고 환영받으며 존재해도 좋은 곳이다. 예로부터 창조는 어머니와 깊이 연관되어 있다.

고대 모신母神은 생식과 성장의 여신이며, 땅의 여신이다. 자연은 인간을 받아들인다. 존재 자체를 인정한다. 인간은 판단되거나 평가받지 않는다. 바로 이것이 어머니의 중요한 과제다. 어머니는, 아이가 존재해도 좋다는 것, 약한 존재 그대로 인정한다는 것을 아이에게 전해 준다. 어머니는 평가하지 않는다. 아이에게 아직 형성되지 않은 것을 발전시키려고 시도한다. 모성은 또한 삶과 세상에 대한 낙관적 태도다. 모성은 자비, 온유, 보호, 따뜻함을 발산한다. 인디언들은 모성을 최고의 영적 단계로 보았다. 그들은 자기 안에서 모성을 발견한 여자는 신과 생명의 신비에 다가간 것이라고 믿었다.

소위 '3K'[아이(Kind), 부엌(Küche), 교회(Kirche)]가 여성적 이미지로 각인된 것에 여자들은 격분한다. 오늘날 여자는 자신만의 모성을 어떻게 형성할지 선택할 수 있다. 이 사실이 중요하다. 어떤 여자는 집에서 아이들과 함께 시간을 보내는 것을 좋아한다. 어떤 여자는 자신의 모성을 직업과 관련시켜 찾을 수도 있다.

여자들은 종종 자신이 왜 집에서 살림하고 아이들을 돌보는지, 아니면 왜 직업을 가졌는지 다른 사람에게 해명해야 한다고 느낀다. 이때 여자들은 다른 여자를 부정적으로 평가하면서 비하하기도 한다. 집에서 아이들과 함께 지내는 것을 훨씬 더 좋아하는 여자도 많다. 가정 형편 때문에 어쩔 수 없이 일해야 하는 여자도 있다. 기회만 된다면 더 일하고 싶어 하는 여자도 있다. 여기에서 여자들은 모성을 발휘해 서로 다른 여자의 마음을 헤아려 주어야 한다. 무엇을 택하든지 정당화할 필요는 없다. 그것은 개인의 책임과 연관된 문제다.

🅐 노르웨이의 여성운동가 마트라리는 네 아이의 어머니이자 정치가다. 그녀는 "1970년대 여성운동이 남녀평등을 외쳤다면, 지금은 여자들이 자신의 모성을 다시 의식해야 한다"고 주장한다. 마트라리는 어머니인 여자가 직장과 가정에서의 역할을 더 잘 결합할 수 있다고 믿는다. 경제·정치 분야에서 지도자 자리에 있는 어머니는 그 분야에 질적 변화를 가져올 수 있다. 여성 정치가로서 마트라리는 정치 논쟁에 새로운 감수성을 끌어들였다. 여자들이 처한 구체적 어려움에 귀 기울이고, 분쟁 지역의 어린이들을 위해 활동했다. 여자들이 평화운동에 적극 참여하면 더 많은 성공을 얻을 것이라 말한다. "여자들에게는 남자들은 가질 수 없는 의사소통 방식이 있다"(Matlary 183).

어머니는 아이가 성장하고 발전하도록 이끌고, 결점을 보완해 준다. 아이의 삶을 인정하고 자유롭게 놓아준다. 아이가 자신의 길을 가고자 할 때 떠나보내는 것은 어머니에게 가장 힘든 과제다. 그렇게 보내면서 어머니는 아이가 돌아올 때 따뜻하게 맞아 주고 그들을 이해해 줄 준비를 한다. 아무것도 기대하지 않고 주는 것, 감사를 요구하지 않는 것, 바로 깊은 영성과 일치하는 어머니의 태도다. 모성을 실현한 여자는 이미 영적인 여자다.

모성을 실현한 여자에게는 보다 높은 영적 태도가 요구된다. 바로 자신을 버리는 것이다. 여자는 아이를 자기 기분과 욕구에 따라 대하곤 한다. 인간이라면 누구나 그렇다. 이때 여자는 생명을 자라게 하고 섬기는 연습을 한다. 아이에게 마음을 쏟기 위해 자신을 버린다는 것은 대단한 무욕이며 성숙함의 표현이다. 어머니는 예수가 제자들에게 요구한 바를 실현한다. "누구든지 내 뒤를 따라오려면, 자신을 버리고 제 십자가를 지고 나를 따라야 한다"(마태 16,24).

자신을 버린다는 것을 자신은 완전히 뒤로 숨는 것이라고 생각하는 어머니가 많다. 자신이 누구인지, 자기 마음을 움직이는 것이 무엇인지, 일상생활이 어떤지 다른 이들과 이야기할 엄두를 내지 못한다. 가족을 위해 하는 일에서 자기 가치를 발견하지 못한다. 밤이면 지칠 대로 지치는데 아무도 알아주지 않는다. 여기서 여자는 사회가 모성을 평가절하하는 것을 무의식적으로 받아들인다. 여자 스스로도 사회적 지위로 인격적 가치까지 평가하려 한다. 자신이 창조하는 정신적 가치를 높게 여기지 않는다.

현대사회가 업적, 경력, 경쟁력을 중요하게 여기는 것은 사실이다. 여자도 사회적으로 성공할 때 인정받는다. 남자처럼 무언가 이루어 내야 한다. 그러나 어머니로서 아이를 낳고, 삶의 가치를 전해 주며, 능력을 북돋우고, 사랑할 줄 아는 사람으로 키우는 것을 성공이나 경력으로 치지 않는다. 그건 어머니에게서 자기 가치를 빼앗는 것이다. 그럴수록 어머니는 자기가 하는 일의 가치를 온전히 자기 안에서 발견해야 한다. 업적으로 사람을 평가하는 사회일수록 모성이 더욱 필요하다. 모성을 통해 사람들은 성공만 추구하기보다 곁에 있는 것, 돌봄, 받아들임이 무엇인지 돌아본다.

🅐 사람들은 누구나 모성애, 돌봐 주는 따뜻한 에너지를 갈망한다. 힘들 때 더욱 그렇다. 모성애로 대하는 사람, 나를 위해 존재하는 사람, 붙잡아 주고 품어 주는 사람, 위로해 주고 도와주며 내 편을 들어주는 사람을 만날 때 힘을 얻고 삶을 새롭게 대할 수 있게 된다. 힘들 때 모성을 경험한 사람은 곧바로 나아진 것을 느낀다.

오늘날 자기 어머니를 부정적으로 바라보는 딸이 많다. 그래서 모성적 원형을 힘들게 여긴다. 이유는 다양하다. 어머니는 딸에게 강한 결속력을 느낀다. 바로 여기서 혼란이 시작된다. 모녀지간은 극히 친밀하지만 경계는 낮다. 반면 기대는 크다. 이럴 때 딸은 자기 힘을 발견하려고 저항한다. 딸은 자기 어머니도 여자임을 잊어버리고 어머니 역할로서만 어머니를 대한다. 여기서 딸은 어머니처럼 살기 싫다고 생각한다. 다양한 여성상의 일면만 본 것이다. 아들을 선호하는 어머니가 많다. 아들이 중요하고, 아들을 중심에 세운다. 딸은 무가치하게 여긴다. 딸에게 여자이고 싶다는 느낌을 주지 못한다. 아들을 높이는 것은 결여된 자기 가치의 표현이다. 자기를 여자로 존중하지 않을 때 남자를 높이기 마련이다. 딸은 어머니에게서 여자로서의 존엄과 기꺼이 여자로 존재하는 것을 배워야 한다. 딸이 어머니의 여성성을 인정하지 않을 때 여자로서 자기를 거부하거나 어머니와 상반된 여성상을 발전시킨다. 그것이 도움이 될 수도 있다. 다른 특성을 발전시키게 한다. 그러나 모성의 특성이 결여된다면 여성 존재의 결정적 부분이 결여되는 것이다.

여성운동은 여자를 강하게 했지만, 한편으로는 자신의 모성을 모른 척하게 했다. 이는 어머니와의 관계나 가부장적 구조에 대한 저항에서 비롯된 것이다. 그런 저항은 여자를 자신이 진 짐에서 자유롭게 하기보다, 저항하는 대상에 묶어 놓는다. 여자가 자기 안에 있는 모성을 충분히 존중하지 않으면 다른 사람이 자기를 존중해 주길 바란다. 여자는 모성적 가치 안에서 자신을 인식해야 한다. 자기 여성성의 여러 면모를 가치 있게 여기는 것은 자신에게 달렸다. 자신의 여성성에 대한 존중은 자기에게서만 나올 수 있다. 여자가 자기 자신을 가치 있게 여길 때 다른 사람도 그렇게 여긴다.

L 어머니는 아이에게 부정적인 인상을 남길까 봐 늘 걱정한다. 정신적 고통은 대개 유아기의 상처로 거슬러 올라가기 마련인데, 심리치료사의 시선은 일단 어머니를 향한다. 어머니가 대부분 아이와 함께 있기 때문에 아이에게 정서적 장애가 있다면 어머니의 태도, 미숙함, 인간적 약함에서 원인을 찾으려 한다. 이는 여자에게 죄책감을 갖게 한다. 어머니는 아이를 언제 너그럽게 대할지, 언제 무섭게 대할지 알아야 한다. 그러기 위해 자신을 예민하게 느껴야 한다. 아이에 대한 책임을 혼자 떠맡지 않으려면 건강한 자의식이 필요하다. 오늘날 어머니의 영향은 긍정적이기보다 부정적으로 평가되기 쉽다. 어머니와 함께한 기쁨에 대해서는 이야기하지 않는다. 행복하고 성공한 사람은 어머니 덕분에 이렇게 잘되었다고 말하지 않는다.

누구든 인생의 배후에는 어머니가 있다. 여자는 어머니가 되면 불화와 억압도 간단히 버릴 수 없다. 모든 사람에게 어머니와의 역사는 성숙의 과정이다. 성숙한다는 것은 자기 자신을 모성으로 대한다는 의미다.

A 모성의 다른 측면은 책임을 지는 것이다. 모성이 강한 여자는 책임감이 강하다. 어머니는 아이들의 하루 일과를 챙겨 주고 집안일을 처리한다. 모든 일이 잘 돌아가는지 살핀다. 이런 모성을

부서 책임자나 지도자 역할에서도 발휘할 수 있다. 그러나 모성이 지나치면 주위의 다른 사람들을 작아지게 한다. 그들은 어떻게 그 일을 해야 하는지 '가장 잘 알고 있으며' 그래서 모든 것을 스스로 떠맡으려 한다.

오늘날에도 집안일과 자녀 교육 문제에는 신경 쓰려 하지 않는 남자가 있다. 여자는 그 책임을 당연히 여기면서도, 남편은 뒷짐 지고 집안일에 관심도 없다고 불평한다. 책임의 어두운 이면은 통제다. 자기 생각대로 모든 일을 통제하는 여자가 많다. 꼭 필요한 물건도 아닌데 사들여 집 안 가득 채우면서 정작 자신의 내면은 채우지 못한다. 모든 것을 손에 움켜쥐고는 자신을 느끼지 못한다. 여자는 자기가 진 짐을 내려놓고 책임을 분담하는 법을 배워야 한다. 자기에게도 뒷받침해 줄 사람이 필요하며, 남자가 자신과는 다른 방법으로 많은 것을 처리할 수 있음을 인정해야 한다.

오늘날 자의식이 강한 여자가 많다. 그런 여자는 자기 삶을 계획하고 자기 자신을 책임진다. 그러나 그들도 결혼해 어머니 역할을 맡자마자 낡은 틀에 빠진다. 순종적이 되고 우울증에 빠진다. 어머니는 무조건 베풀어야 한다고 생각한다. 물론 어머니는 많이 베풀어야 한다. 하지만 베푸는 것도 자기를 위해 주장할 수 있는 용기가 있을 때 할 수 있다. 어머니는 자신을 챙기는 데 죄책감을 가질 필요가 없다. 자기를 위한 시간을 가지는 것은 전적으로 정당한 일이다.

내 어머니에게 누구나 자기를 위한 시간을 가져야 한다고 말했을 때, 이제 여든여덟이 되신 어머니는 곧 이해하셨다. 어머니는 소란한 일상 가운데 혼자 조용히 앉아 십자말풀이하는 것을 즐기셨다. 아이들 일곱 명이 소란을 피우는 집 안에서 자기 시간을 갖는 어머니만의 독특한 방법이었다. 신기하게도 우리는 언제나 어머니의 시간을 존중했다. 어머니가 십자말풀이를 하실 때는 누구도 어머니에게 이것저것 해 달라고 조르지 않았다.

자기에게 필요한 것을 말할 용기가 없어서 과도한 요구를 받아들이는 어머니가 많다. 그들은 자신이 어머니이기 전에 여자라는 사실을 쉽게 잊는다. 어머니도 여자로서의 삶을 표현해야 한다. 여자임을 망각해서는 안 된다. 그러면 균형을 잃는다. 주기만 하는 어머니에서 받기도 하는 어머니로 태도를 발전시키면 아이들도 어머니에게 많이 되돌려 준다. 아이들은 어머니에게 사랑, 감사, 활력, 기쁨, 유쾌함, 환상을 준다. 오늘날 아이들이 주는 이 행복을 잘 받아들이지 못하는 어머니가 많다.

여자가 베풀고 양육하는 태도는 모성에서 발하는 것이다. 이는 다른 사람에게 축복이 된다. 그러나 여자는 다 소진되고 탈진

한 것 같다는 느낌이 들 때가 있다. 더 이상 거절하지 못하는 위험에 빠지곤 한다. 이런 여자들은 베푸는 것을 즐기지만 자기에게 필요한 것은 대개 무시한다. 베풀기만 하면 받는 것을 거절하게 된다. 다른 사람이 자신에게 무언가 선한 일을 하고 싶어 한다는 것을 믿지 않는다.

A 신화에 자기 아이를 삼켜 버리는 어머니가 있다. 놓아주는 법을 배우지 못한 어머니는 아이를 소유하려고 한다. 아니면 자신이 원하는 만큼만 아이에게 내어 준다. 아이의 욕구를 만족시켜 줌으로써 자신의 욕구를 채우려는 것이다. 그러면서 아이에게 감사를 요구한다. 모성의 이런 부정적인 면은 엉뚱한 상황에서 나타나기도 한다. 다른 사람에게 무엇이 필요한지 생각해 보지도 않고 어머니처럼 돌보려 하는 것이다. 남편을 아이 대하듯 하면서 그를 아이로 만든다. 손님도 어머니처럼 돌본다. 손님은 처음에는 대접을 잘 받는다고 느끼겠지만 곧 부담을 느낀다. 소유하려 들지 모른다는 느낌에 불안해진다. 그가 무엇을 필요로 해야 하는지까지 말해 준다.

L 여성 세미나에서 참가자들에게 '어머니' 하면 떠오르는 것을 말해 보라고 했다. "돌봄. 항상 거기 있음. '아니'라고 하지 못함.

(가족을 위해 그 자리에 있고, 다른 사람을 돌보고 또 돌보고 다른 사람의 필요를 살 피며) 자신을 포기함. 항상 가까이 있음."

🅐 이런 말에서 어머니들은 자기 자신에게 그런 요구를 했음을 본다. 사실 어머니는 "아니"라고 말할 수 없다고 생각한다. 어머니라는 사실이 스트레스다. 어머니는 언제나 가족을 위해 있고 끊임없이 아이를 돌봐야 한다. 그러나 자신을 위한 시간도 필요하다. 자기 자신도 똑같이 돌봐야 한다. 그렇지 않으면 어머니는 가족을 돌보는 데만 치우치고 공격적이 된다. 자기 자신을 돌보는 사람은 기꺼이 어머니가 된다. "어머니로서의 내 직업은 힘들지 않다. 재미있고 확신을 준다." "어머니 역할이 내게 만족스럽지만 다른 여성상을 펼칠 수 없을 때는 일방적이 된다." "이 역할을 통해 나는 어린아이에서 벗어났다." "아이와 함께하는 시간은 가치 있다." 이렇듯 여자는 기꺼이 어머니가 되는 것을 느낀다. 아이는 축복이며 아이와 함께하는 시간을 즐긴다. 베푸는 것을 즐긴다. 내면의 샘에서 긷는 것이기에 고갈되지 않는다. 이런 여자는 어머니상이 여자의 일면일 뿐이라는 것을 안다. 다른 여성상도 그렇듯, 어머니 측면만을 살게 되면 위험이 있다는 것을 안다. "어머니로 존재한다는 것은 가슴으로 존재하고 사람을 돌보는 것이다. 한편 그 안에는 모든 것을 모성이라는 이름으

로 내 자신과 상대방에게 그 힘을 악용할 큰 위험이 있다. 모성이라는 이름으로 은폐하여 권력을 행사하는 것이다."

L 살아 있는 모든 것의 어머니인 하와는, 모든 것 안에서 생명을 경험한다는 것이 무엇을 뜻하는지 여자들에게 보여 준다. 하와는 선과 악을 알게 하는 나무의 열매를 먹고 싶은 충동을 느꼈다. 하와는 모든 것에서 생명을 맛보고 싶었다. 그로 인해 발생한 모든 결과를 받아들였다. 하와는 행복과 고통을 경험했다. 자신을 보았고 인식했으며 성숙했다.

A 하와는 여자의 존엄을 표현하는 표상이다. 여자들은 하와에게 모성을 지닌 여자로서 자신의 존엄과 그것을 격려하는 법을 배운다. 생물학적 의미의 어머니만 뜻하는 것이 아니다. 삶에 대한 근본 태도를 말하는 것이다. 생명을 자라게 하고, 북돋우며, 약자 편에 서고, 사람들을 따뜻하게 대하고 돌보는 모든 여자는 어머니다. 모성을 긍정하는 것은 자기 존엄을 인식한다는 뜻이다. 어떤 명상법을 배울 필요 없이 영적 길을 가는 것을 의미한다. 주고받으며, 놓아주고 자라게 하는 태도를 배우는 것만으로 이미 영적 길을 가는 것이다. 이 길에서 여자는 여자임에 대한 신비를, 진정한 어머니인 하느님의 신비를 경험한다.

그리스도인들은 어머니에게서 하느님의 중요한 측면을 본다. 어머니에게는 모성을 지닌 하느님이 보인다. 예언자 이사야는 하느님을 사랑하는 어머니로 보았다. "여인이 제 젖먹이를 잊을 수 있느냐? 제 몸에서 난 아기를 가엾이 여기지 않을 수 있느냐? 설령 여인들은 잊는다 하더라도 나는 너를 잊지 않는다. 보라, 나는 너를 내 손바닥에 새겼고 너의 성벽은 늘 내 앞에 서 있다"(이사 49,15). 어머니로서 여자의 가장 큰 존엄은 하느님의 모성, 즉 위로하시고 돌보시는 하느님의 모습을 표현한다는 데 있다. 이미 원시시대 사람들은 모신을 경배하면서 이 어머니의 신비를 알았다. 어머니는 하느님의 본질적인 측면을 나타낸다. 어머니는 생명을 선사하고, 그 생명이 변화하며 죽음에서 궁극적으로 변화할 때까지 성장을 깨우치는 위대한 여신이다. 양육하는 어머니이자, 인간의 운명을 만들어 내는 운명의 여신이기도 하다. 여자는 모든 살아 있는 것의 어머니다. 생명을 낳고 보호하며 품고 변화시킨다.

Anselm_ 너는 세 아이의 어머니이자 손자 셋을 둔 할머니이기도 한데, 어머니에게 아이들은 어떤 의미지?

Linda_ 저는 어릴 적부터 어머니가 되고 싶었어요. 그냥 그런 소원을 늘 간직했지요. 우리 어머니가 자기 일에서 성취감을 느꼈다는 것이 제게 각인이 되었던 것 같아요. 저는 기꺼이 다른 사람을 돌보고 그들을 위해 살고 싶었어요. 그러나 저 또한 어머니로서 나의 욕구는 뒤에 놓아야 했고, 원하는 것을 그저 바라보는 법을 배워야 했어요. 항상 잘해 낸 것은 아니에요. 하지만 좌절할 때마다, 그것은 내가 다시 내 안의 여자를 주목해야 한다는 표지였어요. 어머니상은 직업상 요구되는 것과는 전혀 다른 나의 일면을 살 수 있게 해 주었어요. 내가 이끌어 이루어 가고, 혼란 속에서도 평온을 잃지 않을 만큼 강하다는 것을 체험했어요. 오래 참아야 하고, 아이들이 성숙하기 위해서는 기다려 주어야 한다는 것을 배웠어요. 아이들의 즉흥적인 감정 표현을 이해하고 아이들을 이끌어 가는 것은 큰 도전이었어요. 그러면서 다른 이들의 감정에 공감할 수 있는 능력이 자랐죠.

내 경계를 잘 정하는 것은 끊임없는 배움의 과정이에요. 아이들은 거울이 되어 주었어요. 내 그림자를 분명하게 보여 주었지요. 유쾌한 일은 아니었지만 치유하는 힘이 있었어요. 저는 자주 아이들과 함께 제가 어릴 적 했던 놀이를 하곤 했는데요, 즐겁고 자유롭고 아이처럼 홀가분함을 느꼈어요.

저의 내면을 스스로 이해하기까지 사람들이 나를 알아주지 않는다는 것이 속상했어요. 그러나 언제부터인가 사회가 나를 높여 주느냐 아니냐는 더 이상 중요하지 않게 되었어요. 내가 나에게 어떤 가치를 부여하는가 이것만이 중요했지요. 아이들이 성장해 집을 떠날 때쯤, 더욱 강해져서 지금까지 표현하지 못하고 살았던 것에 마음을 써야 한다는 것을 느꼈어요. 그 안에서 또 다른 기회를 보았고 그래서 아이들이 떠날 때 기뻤죠. 어머니상은 사람들이 느끼고 표현하는 모든 것에 대해 좀 더 폭넓게 이해하도록 만들어 주었어요.

사라

| 웃는 여자

🅐 그림 속 고대 여신들은 대개 웃고 있다. 웃는 여신은 원형적 상이다. 웃음은 여신이 모든 사물 위에 있으며, 세상이 아무런 해를 끼칠 수 없음을 보여 준다. 여신은 다른 현실에서 산다.

여자들은 즐겨 웃는다. 그들은 웃는 여자의 원형에서 자신을 재발견한다. 웃음으로 여자들은 세상에 동화되지 않고 거리를 유지한다. 웃을 수 있는 자기 안의 여신과 접촉한다.

사라는 웃는 여자다. 창세기가 전하는 그녀의 이야기는 이렇다. 아브라함의 아내 사라는 아름다운 여자였다. 아브라함이 기근을 피해 아내를 데리고 이집트로 갔다. "여보, 나는 당신이 아름다운 여인임을 잘 알고 있소. 이집트인들이 당신을 보면, '이 여자는 저자의 아내다' 하면서, 나는 죽이고 당신은 살려 둘 것이오. 그러니 당신은 내 누이라고 하시오. 그래서 당신 덕분에 내가 잘되고, 또 당신 덕택에 내 목숨을 지킬 수 있게 해 주시오"(창세 12,11-13). 아브라함은 아름다운 아내 때문에 자기가 위험하다고 느꼈다. 사람들의 질투가 두려웠다. 죽을지도 모른다고 생각한다. 창세기가 묘사하는 상황은 오늘날에도 일어난다. 여기서 질투에 눈 먼 남자가 여자를 소유하려고 남편을 죽이는 장면을 떠올리지 않기를 바란다. 그건 아주 드문 일이다. 그보다 예쁜 아내를 이용해 으스대는 남자들 이야기를 하고 싶다. 사람들 앞에서 과시하려고 아내가 필요한 남자들이 있다.

아브라함과 사라 이야기는 남녀 관계의 일면을 생각하게 한다. 특정 직업에서 여자에 비해 남자가 불리하다고 생각하는 사람이 있다. 그는 자신에게는 없는 나름의 강점을 지닌 여자에게 열등감을 느낀다. 한 정신과 의사는 동료 여의사 때문에 손해 보는 느낌이라고 한다. 여의사는 자기의 매력을 이용해 과장 의사에게 원하는 바를 밀어붙여 얻어 낸다. 남자는 원하는 것을 얻기 위해 싸워야 하고, 그럴 때 남자가 늘 진다는 것이다. 아브라함은 아내의 아름다움을 이용했다. 파라오는 사라를 왕궁으로 데

려왔다. 아브라함은 아내 덕에 대접을 잘 받았다. 파라오는 그에게 양과 소, 남종과 여종을 주었다. 그런데 파라오와 그 집안에 재앙이 닥쳤다. 파라오는 아브라함이 아내를 누이라고 내어 준 것을 알아챘다. "네가 도대체 어찌하여 나에게 이런 짓을 저질렀느냐? 그 여자가 네 아내라고 왜 나에게 알리지 않았느냐? 어찌하여 그 여자가 네 누이라고 해서, 내가 그를 아내로 삼게 하였느냐? 자, 네 아내가 여기 있으니 데리고 떠나라"(창세 12,18-19).

남자는 여자에게 느낀 무력감을 보상받으려고 여자를 이용한다. 그러면 언제나 불행이 닥친다. 이는 두 사람에게 다 나쁜 일이다. 남자는 아내의 아름다움을 소유물로 여기거나 이용해서는 안 된다. 존중하는 법을 배워야 한다.

사라는 아이를 낳지 못했다. 어느 날 하느님이 아브라함에게 나타나셨다. 아브라함 앞에 세 사람이 서 있었다. 아브라함은 그들에게 엎드려 절하고, 식사를 대접했다. 그들 가운데 하느님이 계셨다. 아브라함은 급히 천막으로 들어가 사라를 찾는다. 사라는 음식을 준비하고 있었다. 그들이 아브라함에게 말했다. "'댁의 부인 사라는 어디에 있습니까?' 하고 물으니, 그가 '천막에 있습니다' 하고 대답하였다. 그러자 그분께서 말씀하셨다. '내년 이때에 내가 반드시 너에게 돌아올 터인데, 그때에는 너의 아내 사라에게 아들이 있을 것이다'"(창세 18,9-10).

사라는 이 말을 듣고 웃었다. 물론 박장대소한 것은 아니다. "사라는 속으로 웃으면서 말하였다. '이렇게 늙어 버린 나에게 무슨 육정이 일어나랴? 내 주인도 이미 늙은 몸인데'"(창세 18,12). 하느님이 사라의 웃음소리를 들으시고 아브라함에게 물으신다. "어찌하여 사라는 웃으면서, '내가 이미 늙었는데, 정말로 아이를 낳을 수 있으랴?' 하느냐? 너무 어려워 주님이 못 할 일이라도 있다는 말이냐?"(창세 18,13-14). "사라가 두려운 나머지 '저는 웃지 않았습니다' 하면서 부인하자, 그분께서 '아니다. 너는 웃었다' 하고 말씀하셨다"(창세 18,15).

사라의 웃음을 다양하게 해석할 수 있다. 성경은 이 웃음을 불신으로 이해한다. 사라는 믿을 수 없었다. 그 나이에 육정이 일어나리라고 상상할 수 없었다. 성경이 여기서 여자의 생물학적 문제가 아니라, 육정을 말하는 것이 흥미롭다. 사라는 육정을 생각할 때 웃지 않을 수 없었다. 그러니 그 웃음은 의심이라기보다 육정의 가능성에 대한 웃음이다. 그 순간에 사라는 내면에 숨어 있는 것을 느꼈다. 그런 일이 일어난다면 정말 아름다울 거라 생각했다. 웃음에는 언제나 우월감이 숨어 있다. 자신에게 일어나는 일이 나를 규정하지 못한다. 웃음은 일에 끌려가지 않고, 그 일 위로 자신을 끌어올리는 방법이다. 웃음은 기쁨, 지금 자신의 모습을 긍정한다는 표현이다.

사라의 웃음은 불신의 뜻이 아니다. 이사악을 낳으면서 사라 스스로 그 웃음은 하느님이 주셨다고 말한다. "'하느님께서 나에게 웃음을 가져다주셨구나. 이 소식을 듣는 이마다 나한테 기쁘게 웃어 주겠지' 그리고 또 말하였다. '사라가 자식들에게 젖을 먹이리라고 누가 아브라함에게 감히 말할 수 있었으랴? 그렇지만 내가 늙은 그에게 아들을 낳아 주지 않았는가!'"(창세 21,6-7). 여기서 그 웃음은 하느님이 주신 웃음, 기쁨과 희망의 웃음이라는 것이 분명해진다. 아들의 탄생으로 생명이 죽음을, 희망이 의심을, 기쁨이 슬픔을 이긴다. 사라의 웃음은 하느님이 모든 상황을 변화시키며, 마른 가지에도 꽃피게 하실 수 있음을 믿는 신앙의 표현이다.

나는 안셀름 신부님이 사라의 상에서 웃음을 강조하는 것에 매우 놀랐다. 이제껏 나는 사라에게서 불임으로 고통받는 여자의 모습을 보았다. 그러나 사라의 웃음은 나의 시각을 바로잡아 주었다. 사라의 웃음은 생의 기쁨과 경쾌함으로 보였다.

여자는 고통스러운 상황에 빠지거나, 과중한 의무에 짓눌릴 때 자기 안의 웃는 여자를 잊는다. 혹사당하고, 기쁨을 상실했다고 느낀다. 자기 내면의 짓눌리지 않은 측면으로 가는 입구를 찾지 못한다. 어떤 재미있는 일로 다시 웃음을 터뜨릴 때, 얼마나 자기에게 이 에너지가 부족했는지 느낀다. 그 웃음이 긴장을 풀어 주고, 기쁨과 생기를 되찾아 준다. 한순간에 모든 것이 좀 더 가볍게 보이고 평정심을 찾는다. 웃음은 이 상황을 어떻게든 극복할 수 있다는 자신감을 찾게 해 준다. 나를 더 강하게 만든다.

일본의 신도神道에는 춤추는 쾌활한 여신들이 있다. 여신들은 신전에서 다른 신들을 웃게 하는 재미있는 춤을 추었다. 화가 나 굴속에 숨어 버린 태양의 여신은 신들의 웃음 소리에 호기심이 생겨 굴에서 나왔다. 그제야 빛과 생명이 지상에 돌아왔다. 웃음이 돌아온 빛과 생명을 축하했다.

힘든 일을 겪고 다시 마음껏 웃을 수 있게 된 여자도 빛과 생명이 자기 안에 돌아온 것을 느낄 것이다. 힘든 일을 겪은 여자는 새로운 방식으로 살아 있음을 느끼고 행복이 무엇인지 다시 느낀다. 사라도 하느님이 새 생명을 약속했을 때 그렇게 느꼈을 것이다. 여자는 인생에서 정말 아무것도 변할 것 같지 않은 상황이 있다는 것을 안다. 가뭄철처럼 아무것도 자라지 않고, 어떤 새로움도 없는 듯하다. 희망도 없고 삶에 홀로 내던져진 것 같다. 그때 갑자기 긍정적 변화를 예고하는 징조가 나타난다. 한순간에 어떤 새로운 것이 삶에 들어올 것이라는 희망이 생긴다. 여자를 다시 쾌활하게 하고 사라처럼 웃을 수 있는 순간이 온다.

🅐여자들은 진정으로 웃을 수 있다. 웃음은 여자의 표현 방식이다. 웃음으로 여자는 살면서 겪는 일을 심각하지 않고 가볍게 넘길 수 있다. 나는 이를 가정에서 자주 경험했다. 우리 아버지는 전기용품 가게를 운영하셨는데 집과 가게가 붙어 있어서 점심도 가족과 함께 드셨다. 점심 시간에도 손님들이 초인종을 눌렀다. 아버지는 휴식을 방해하는 초인종 소리에 짜증을 내셨다. 어린 두 여동생은 초인종이 울릴 때 그 소리를 흉내 내서 온 식구를 웃게 했다. 아버지는 자기도 모르게 따라 웃으셨다. 때로는 아주 배를 잡고 웃으셨다. 다른 사람의 도덕적 훈계에 대해 웃음으로 반박하는 것이 더 효과적일 때도 있다. 여동생들은 판단하지 않고 단지 웃었을 뿐이다. 여동생들은 식사를 방해하는 손님들에게 짜증 내는 대신 웃음으로 상황을 즐겁고 가볍게 바꾸었다.

  어린 여동생들이 본능적으로 웃음을 주었던 이런 것이 바로 여자의 능력이다. 여자들은 일상의 사소한 일을 이야기하면서 웃는다. 그 웃음에는 큰 힘이 숨어 있다. 그 웃음을 누구도 빼앗을 수 없다. 웃음은 여자를 규정하려고 드는 일 또는 사람보다 자신을 위에 두게 한다. 우월감과 자유를 느끼는 여자의 특별한 방식이다. 웃음은 일상의 근심으로 인한 탄식에서 벗어나게 한다. 일상적이고 진부한 것이 웃음의 소재가 된다. 그 웃음으로 억압하는 힘은 사라진다.

ᴸ어머니는 이모들과 있을 때 많이 웃으셨다. 서로 자기가 겪은 일을 이야기하면서 소소한 일도 특별한 의미가 있는 듯 말씀하셨다. 언제나 그 상황에 대해 마음껏 웃으면서 이야기는 끝났다. 누구나 그 웃음에 전염되곤 했다. 함께 있으면 편했다. 그들은 여성적인 삶의 즐거움을 퍼뜨렸다. 여자들은 어제 눈물 흘린 일을 오늘 말하면서 한바탕 웃는다. 그들은 웃음과 경쾌함을 찾고, 문제와 근심에 매여 있지 않는다. 삶이 아무리 고난의 연속일지라도 그들은 웃음을 지켜 냈다. 삶의 중압감에 짓눌리지 않았다. 웃음은 언제나 경쾌함으로 이끈다.

ᴬ여자들이 만나서 마음껏 웃으면 집에 돌아갈 때는 좀 더 강해지는 것 같다. 일상으로 돌아가 자신의 문제를 어떻게 대해야 하는지 깊이 생각하지 않을 것이다. 그들은 가벼워지고, 자신의 일상을 보다 가볍게 대할 것이다. 날마다 그들에게 요구되는 것에 억눌리지 않고 웃으며 넘긴다.

ᴸ고독을 느끼고 경험하는 여자들이 다른 여자들과 함께 실컷 웃으면 고독이 허물어지는 것을 느낀다. 웃음에서는 다시 살게 하는 힘이 나온다. 웃음은 삶의 기쁨, 앞을 바라보는 것이 무엇을 의미하는지 보여 준다. 여자들은 자기 자신에 대해, 특히 자

신의 부족함이나 다른 사람과 겪은 특이한 경험에 대해 웃는다. 거기서 자기를 재발견하고, 다른 여자들과 결속되어 있음을 느낀다. 여자들에게 웃음은 따뜻하게 덥혀 주는 아궁이의 불 같다.

여자들은 소리 내서 웃기도 하고, 사라처럼 조용히 웃기도 한다. 여자는 주위에 경쾌함과 친절함을 퍼뜨린다. 가게를 찾는 손님들에게 미소로 대한다. 웃음 띠며 사무실에 들어온다. 심근경색과 우울증을 앓는 한 남자가 수도원에 잠시 머물렀는데, 그는 물건을 살 때 친절한 판매원과 대화를 나눈 것이 얼마나 자기를 행복하게 해 주는지 이야기한 적이 있다. 웃음을 주는 대화가 그의 마음을 끌었다. 대화에서 친밀감을 느꼈고, 자유와 경쾌함이 생겨났다.

이야기도 잘하고 잘 웃는 특별한 능력을 지닌 여자가 많다. 주위에 인위적 즐거움이 아니라 친절함, 경쾌함, 삶을 긍정하는 분위기를 퍼뜨린다. 이는 존재에 대한 긍정, 삶의 기쁨, 내적 경쾌함에서 나온다. 모든 것을 자기가 하려고 하지 않고 자라도록 하는 모성에서 나오는 것이다.

강연이나 세미나 후에 둘러앉아 이야기를 나눌 때도 여자의 웃음은 남자의 웃음과는 다르다는 것을 발견했다. 남자들은 우스갯소리를 하며 웃는다. 자주 다른 사람을 그 대상으로 삼는데,

보통 여자를 우스갯거리로 만들곤 한다. 그들의 웃음은 공격적이고 작위적이다. 여자들은 그런 대상을 소재로 웃지는 않는다. 삶의 현실에 대해 웃는다. 상황을 진지하게 받아들이고 웃는다. 웃음으로 억압하는 힘을 날려 버린다. 웃으며 상황에 직면한다.

 웃음에는 결속하는 능력이 있다. 철학자 헬무트 플레스너는 "웃음은 함께 웃는 이들과의 교감 안에서 전개된다"(Plessner 157)고 했다. 여자들은 함께 웃고 즐긴다. 웃음이 퍼져 나가고 공동체를 만든다. 조금 다른 웃음도 있다. 스스로를 왜소하고 절망적으로 느끼지만 곧잘 분위기를 띄우는 여자를 알고 있다. 그녀 주위에는 떠들썩한 웃음소리가 그치지 않았다. 그 웃음은 자신을 해방하는 것이 아니라 자신의 절망에서 눈을 돌리는 것이다. 있는 그대로 자신을 보여 주기보다 자기를 보호하는 것이다. 누구도 자기에게 다가오지 못하도록 방어하려고 웃음을 이용한다.

세미나에 참가한 한 여자가 주말 내내 여자들끼리 모여 웃으며 보냈다고 했다. 그런 웃음은 지나치다. 모임에서 계속 웃을 수 있지만 억지로 그럴 수도 있다. 억지 웃음은 부자연스럽고 스트레스를 준다. 유쾌함은 배 속에서 나와서 모두를 해방하고 강건하게 한다. 그런 웃음이 분별 있고 진지한 대화로 이끈다.

🅐 여성적 웃음의 아름다운 예를 들어 보자. 어머니는 아침에 아이를 깨우면서 미소 짓는다. 아이가 다치거나 울려고 할 때 어머니는 아이에게 웃어 준다. 어머니는 웃음과 미소에 치유하는 힘이 있음을 알고 있다.

우는 것도 웃는 것과 비슷한 효과가 있다. 고통을 억지로 몰아내기보다 (남자들과는 다르게) 가볍게 표현한다. 여자에게 웃음은 일상에 반응하는 여러 방법 중 하나다. 여자는 외부에서 닥친 일이 자기를 결정하게 두지 않는다. 웃음으로 이 상황과 나 사이에 거리를 둔다. 일상을 너무 심각하게 받아들이지 않는다. 여자는 쉬이 흔들리지 않는다. 여자는 웃으며 일상을 극복한다. 평범하고 진부한 것에 유쾌하고 상쾌한 기운을 불어넣는다.

🅑 여자는 영성도 유쾌하게 표현한다. 세미나에서 여자들끼리 모여 명상하는 시간이 있었다. 따뜻한 6월, 딸기가 제철이었다. 잘 익은 딸기를 바구니에 담아 나누어 먹으며 이야기했다. 여자들은 곧 그 시간을 생의 기쁨과 결합시켰고 유쾌한 분위기를 만들었다. 따뜻하고 즐거운 웃음이 점점 번져 갔다. 참가자들은 심각한 것만이 성스러운 것은 아님을 알았다. 웃음이 어떤 '성스러운 것'일 수 있음을 느꼈다. 일상에서 여자들이 보다 더 많은 웃음의 힘으로 살았으면 좋겠다. 그 힘으로 상황을 가볍게 변화시킬

수 있다. 웃음이 진흙탕 같은 상황에서 벗어나게 할 방법을 보여 줄 수도 있다. 새로운 생동성으로 이끄는 이 힘을 받아들일지 말지는 자신에게 달렸다. 어려움 속에서도 가벼운 것을 끌어낼 수 있을 때 신뢰와 평온을 얻을 수 있다.

Anselm_ 너는 어렸을 때부터 아주 잘 웃었어. 아버지 가게에서도 늘 웃었지. 웃음을 멈추지 않아서 상황을 바꾸어 놓기도 하고 말이야. 웃는 여자의 원형이 네게 말하는 것은 무엇이지? 너는 웃음을 어떻게 경험하지?

Linda_ 우리 가족 안에는 웃음이 끊이지 않았잖아요. 항상 잘 웃고 집안 분위기를 밝게 하신 어머니 덕분이라고 생각해요. 작은 실수, 우스운 상황 때문에 우리 가운데 누가 웃음보를 터트리면 온 집안에 웃음이 퍼졌지요. 저는 막내여서 늘 집안의 '꼬마'였어요. 오빠 언니들이 날 놀려서 화도 많이 냈죠. 그래도 우리는 언제나 웃을 거리를 찾았고 그러면서 제일 큰언니에게 맞설 만큼 강하다고 느꼈어요. 골을 부릴 때도 있었지만 어린 시절의 기쁨을 빼앗을 만큼 길게 가지는 못했지요.
커서는 아버지 회사에서 두 오빠와 함께 일했어요. 그때 남자들 세계는 딱딱하고 심각하게만 보였죠. 그때 내게 유쾌함이란 나를 좀 더 밝게 표현하는 것이었어요. 회사에서는 마음껏 웃을 기회가 많았어요. 아버지는 내가 경박하게 웃는다고 하셨지만, 함께 웃으실 수밖에 없었지요.
시간이 지난다고 삶이 쉬워지는 건 아니더라고요. 삶에서 벗어나게 해주는 웃음을 잃어버린 때도 있었어요. 그런 때 다시 한번 그렇게 웃을 수 있었으면 하고 바랐어요. 그러다 깨달았지요. 그 웃음을 찾고 말고는 내게 달렸다는 걸요. 지금 삼 년째 알고이에 살고 있는데, 이곳 여자들과 함께 지내면서 항상 그 치유하는 웃음을 봐요. 여자들의 강한 힘으로 웃음을 새롭게 평가하는 법을 지금 배우고 있죠.
젊었을 때 여자로서 본능적으로 느꼈던 것들이 지금 여러 상황에서 새롭게 느껴져요. 항상 사람이나 상황을 어떻게 대해야 할지 선택해야 해요. 분노를 느끼는 것은 건강한 힘이지만 그 안에서 나를 물어뜯을지, 유머로 그것에서 풀려날지 결정하는 사람은 바로 나예요.

사라를 통해 우리 안에 있는 웃는 여자를 발견할 수 있어요. 웃는 여자는 삶의 기쁨을 솟아나게 하고, 더 강하게 해 주지요.

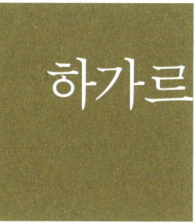

하가르

| 버림받은 여자

Ⓐ세계 문학사에는 버림받은 여자에 대한 이야기가 많다. 지금도 남편이 아내를 버리는 일이 일어난다. 예전에는 남편이 전쟁터로 떠나 아내 혼자 남는 경우가 많았다. 오늘날에는 부부 문제가 주원인이다. 다른 여자를 사랑해서 아내를 버리기도 한다. 그러나 버림받은 여자가 천사에게도 버림받는 것은 아니다. 그녀는 하느님의 특별한 보호를 받는다.

　버림받은 여자를 그리는 소설은 여자들의 눈물샘을 자극한다. 그때 여자는 자신을 재발견한다. 여자의 영혼은 버림받는다는 것이 무엇인지 직감한다. 동시에 하느님이 자기를 버리지 않는다는 확신도 있다. 구약성경은 말한다. "주님께서는 이방인들을 보호하시며 고아와 과부를 돌보신다"(시편 146,9). 과부는 버림받은 여자의 전형이다. 구약성경의 인물 중 버림받았지만 하느님의 특별한 보호를 받은 여자의 원형이 하가르다.

  아브라함의 아내 사라는 임신하지 못했다. 남편더러 여종 하가르에게서 아이를 얻으라고 한다. 하가르는 임신하자 제 주인 사라를 업신여겼다. 사라가 아브라함에게 불평하자 아브라함은 여종을 사라에게 다시 내어 준다. "여보, 당신의 여종이니 당신 손에 달려 있지 않소. 당신 좋을 대로 하구려"(창세 16,6). 하가르는 사라의 구박을 피해 도망친다.

  여기에서 여자의 부정적인 면을 볼 수 있다. 사라는 질투한다. 여종은 임신하는데 자기는 할 수 없다는 사실을 참을 수 없다. 사라는 하가르를 구박해서 우월함을 보여 주고 싶었다. 여자에게서 이런 경향을 자주 본다. 한 여자가 자기 장점을 발전시키면 다른 여자들이 공격한다. 자기에게 금지되었거나 자기는 할 수 없는 일을 다른 여자들이 하는 것을 참지 못하는 여자가 많다. 다른 여자의 유능함을 기뻐하기보다 싸움을 건다.

  하가르는 여주인을 피해 도망친다. 주님의 천사가 광야에 있는 샘터에서 하가르를 만난다. "그 천사가 '사라이의 여종 하가르야, 어디에서 와서 어디로 가는 길이냐?' 하고 묻자 그가 대답하였다. '저의 여주인 사라이를 피하여 도망치는 길입니다.' 주님의 천사가 그에게 말하였다. '너의 여주인에게 돌아가서 그에게 복종하여라'"(창세 16,8-9). 돌아가 여주인의 구박을 견디라니, 천사의 명령은 하가르에게 너무 가혹하다. 하가르의 반응은 지극히 여성적이다. 자기를 희생양으로 느끼며 자기에게 지워진 것을 견딘다. 그러나 이런 의미로 천사의 명령을 이해해서는 안 된다. 하가르는 희생양 역할을 맡아서는 안 된다. 희생양 역할은 여자에게 좋지 않다. 자신을 희생양이라 자처하면서 스스로 가해자가 된다. 다른 사람을 위해 자신을 희생한다고 하면서 주위 사람에게도 희생을 강요한다. 자기를 희생하면서 권력을 행사한다. 다른 사람들에게 그 희생의 대가를 묻는다. 아니면 자신이 희생양 역할을 맡았으니 남들에게 불안, 억압, 양심의 가책을 느끼라고 한다. 희생양 옆에 있는 사람들은 마음이 편할 수 없다. 끊임없이 양심의 가책에 시달린다.

　천사는 하가르에게 약속한다. "'내가 너의 후손을 셀 수 없을 만큼 번성하게 해 주겠다.' 주님의 천사가 또 그에게 말하였다. '보라, 너는 임신한 몸, 이제 아들을 낳으리니 그 이름을 이스마엘이라 하여라. 네가 고통 속에서 부르짖는 소리를 주님께서 들으셨다'"(창세 16,11-12).

하가르는 이제 억압된 상황을 참을 수 있다. 약속이 있기 때문이다. 하가르는 자신의 진가를 알고 있다. 그녀는 수많은 후손의 어머니가 될 것이다. 그 아들은 활잡이가 될 것이고 그 삶은 성공할 것이다. 하가르는 자신에게 누구도 손댈 수 없는 존엄이 있으며, 하느님이 자신을 돌본다는 것을 안다. 자신 안에는 주인도 마음대로 못하는 어떤 것이 있음을 안다. 사라는 하가르의 깊은 곳까지 상처 주지 못한다. 하가르는 하느님을 "저를 돌보시는 하느님"(창세 16,13)이라고 부른다. 하느님이 하가르의 진가를 깨닫게 해 주셨다. 누구도 그녀에게서 이 참된 가치를 빼앗을 수 없다. 하가르의 내면에는 손상되지 않는 것, 시간이 소멸시키지 못하는 어떤 것이 있다. 세상이 훼손하지 못하는 신성이 있다.

여자가 힘든 상황을 견뎌 내는 것은 내면 깊은 곳에서 자기의 진가를 알고 있기 때문이다. 그 안에 있는 생명이 이 세상에서 계속될 것이다. 어머니뿐 아니라 아이가 없는 여자도 마찬가지다. 여자가 자신을 생명의 보호자라고 느낀다면 힘든 상황 속에서도 삶을 지탱하고 보호할 수 있다. 하가르처럼 하느님이 자기를 돌본다는 것을 알고 있다면 자신을 깎아내리는 말 따위에 상처 입지 않을 것이다.

전쟁터에서 아무런 보호도 받지 못하고 도망친 여자가 많았다. 그들이 얼마나 강했는지는 짐작하고도 남는다. 전후 독일 재건에 바탕이 된 이들이 바로 '폐허의 여자들'이다. 여자들은 극한 상황에서 가족을 부양하고, 어떻게 해서든 아이들에게 든든한 공간을 마련해 주었다. 그녀들에게는 하가르 같은 힘이 있다. 그들은 분명 자기의 존엄을 알았다. 그들의 강인함과 끈기는 놀라움을 자아낸다.

사라는 이사악을 낳자 매우 기뻤다. 이사악이 하가르의 아들 이스마엘과 노는 것이 싫었다. 여종의 아들이 맘에 들 리가 없었다. 사라는 아브라함에게 여종과 그 아들을 쫓아내라고 다그쳤다. 아브라함은 소심해서 아내의 말을 물리칠 수 없었다. 그는 언짢았지만 사라의 말대로 해 주었다. 하느님은 이스마엘에게서 큰 민족이 나올 것이니 괴로워하지 않아도 된다고 아브라함에게 약속한다.

하가르는 다시 아들과 광야로 쫓겨난다. 빵과 물이 떨어지자 하가르는 우는 아들을 덤불 밑으로 내던진다. 우는 아이의 소리를 들으신 하느님이 천사를 보내셨다. 그제야 하가르는 눈이 열려 옆에 있는 우물을 본다. 하가르는 천사의 보호를 받아 이 힘든 상황을 견뎌 낸다.

남편이 일만 하느라 아내에게 소홀히 대하는 경우가 있다. 다른 여자를 좋아해서 이혼하는 경우도 있다. 이는 여자에게 너무 힘든 일이다. 수많은 물음과 감정이 들끓는다. '내가 잘못해서 남편이 다른 여자를 사랑하는 건가? 내가 무슨 잘못을 했지? 나는 아무런 가치가 없는 여자인가?

하가르는 자신과 아들을 포기할 뻔했다. 천사가 아이의 울부짖음과 하가르의 고통을 듣고 그녀의 눈을 열어 준다. 그제야 하가르는 우물을 본다. 천사는 하가르에게 그녀가 버림받은 여자가 아님을 보여 준다. 그녀 안에는 샘솟는 우물이 있다. 물을 길어 올릴 수 있는 원천이 자기 안에 있다. 그녀는 남편에게 의존하지 않는다. 남편이 그녀를 규정하지 못한다. 자기 스스로 서 있다. 자기 안에 마르지 않는 샘이 있다. 여자가 이러한 내면의 우물과 접촉할 때 버림받은 상처도 이겨 낼 수 있다. 자기를 포기하지 않을 수 있다. 그 우물에서 물을 먹고 새로운 생명이 꽃피게 된다. 그녀는 이제 자신의 존엄에서, 궁극적으로 하느님으로부터 자신을 규정한다.

ᄂ부부 사이에 채워지지 않은 부분이 많았다고 말하고는 떠나 버리는 남편이 있다. 그 마지막 말에 남편에 대한 엄청난 분노가 치민다. 남편이 좀 더 일찍 털어놓았더라면 만회할 수 있었을 거라고 생각한다. 이제 회복할 기회조차 없다는 것에 여자는 무력하다고 느낀다. 둘 사이에 무언가 채워지지 않았다고 느낀 적은 없었는지 물어보면, 어느 정도는 느끼고 있었다고 한다. 그러나

심각하게 여기지 않았다. 그런 것 때문에 관계가 틀어지리라고는 짐작도 못한 것이다. 여자도 그 관계가 만족스러웠던 것은 아니었다. 그래서 더 분노가 치민다. 내가 버림받았다는 것에 대한 깊은 고통은 미움을 키운다. 이제 어떻게 살아야 하는가 불안해지기 시작한다. 믿고 살았던 배우자에 대한 신뢰는 무너졌다. 문제는 신뢰다.

여자들은 자기 감정과 욕구에 보다 민감해져야 한다. 그것이 바로 타인과의 관계에서 벗어나 자신을 살아 움직이게 하는 생동성이다. 그러나 일상은 의무로 가득 차 있어서 생동성을 놓치고 살기 쉽다. 남편에게 버림받은 경험은, 나는 나를 버릴 수 없고 이제 나의 느낌을 소홀히 할 수 없음을 알게 한다. 다른 사람과 함께 있듯이 자신과도 함께 있다는 사실을 깨달을 수 있다.

알고이에서 만난 한 부인은 인도인 의사와 결혼한 적이 있다. 인도인들에게도 나이 든 남편이 아내를 떠나 다른 여자에게 가는 일이 있다고 부인이 말했다. 그 부인도 이별의 고통과 슬픔을 경험했다. 그러나 버림받았다는 생각은 하지 않았다. 적극적으로 대처했다. 남편을 자유롭게 보내 주고 자기도 자유로워졌다. 그녀는 말했다. "나는 남편에게 자유를 주었고 그는 여전히 내 남편으로 남아 있어요." 어떤 것도 함께했던 세월을 지워 버릴 수 없다. 남편의 새로운 여자가 자기 자리를 꿰찬 것이 아니라 완전히 다른 의미라는 것이다. 남편과의 이별이 보통 여자들이 느끼는 것만큼 아내로서의 가치를 손상시키지 못했다. 그녀는 자연 안에 생성과 소멸이 있듯이 사랑도 그렇다는 것을 경험한 것이다. 자신에게 책임이 있다고 스스로를 괴롭힐 필요가 없다. 남편이 다른 여자를 데리고 가족 안으로 들어오기도 한다. 이런 이야기에서 (자연이 인간에게 언제나 요구하듯이) 남녀의 사랑에서도 자유롭게 보내 주는 행위가 필요하다는 사실에 깊은 인상을 받는다. 우리는 끊임없이 죄책을 찾고, 잘못을 추궁하는 경향이 있다. 원망하고, 상처받고, 가치를 잃어버렸다고 느낀다. 인도인들은 삶에 대한 열정을 더 강하게 표현하며 산다. 인도 여자들은 이런 상황에서 좀 더 수월하게 견뎌 낸다. 공동체가 그런 상황에 있는 여자들을 강하게 받쳐 준다.

🅐 유다 시인들은 하가르의 우물에 매혹되어 모티프로 삼았다. 넬리 작스는 우물을 희망의 상징으로 보았다.

  오 이스라엘이여
  당신의 우물은
  당신의 일기라네

벤코린은 극한 상황에서 주님을 신뢰하는 하가르를 노래한다.

> 피곤에 지친 하녀의 손으로
> 눈물이 괸 제 머리를 감싸고 있네
> 저 낯선 하느님의 불꽃 무리에서
> 이 땅에 온 한 천사를 알아보았네
>
> 단지 한 천사가 왔을 뿐인데,
> 그 빛나는 모습으로 다가올 때
> 위로와 편안함,
> 든든함이 있었네

하가르가 처한 상황은 여자들에게 낯설지 않다. 여자가 남편에게 버림받거나 쫓겨나는 일은 어느 시대나 일어난다. 하가르의 경우처럼 남편이 다른 여자를 더 좋아해서 그녀의 말만 따를 때도 있다. 그럴 때 여자는 '내가 쉽게 내쫓을 수 있는 종인가' 하고 생각한다. 지금껏 남편과 가족을 위해 살았는데 남편이 다른 여자에게 한눈을 팔아 자신은 이제 필요 없는 존재가 되었다고 생각한다. 밥하고, 청소하고, 빨래하고, 가정부처럼 부려 먹더니 이제 필요 없게 되자 광야로 쫓아내는 것이다.

L 여자가 지나치게 모성으로만 살면, 여자의 에로스적 측면은 사그라진다. 무시된다. 넘치는 모성을 표현하듯, 자신의 에로스도 지켜야 한다. 이때 여자들은 왠지 부자연스럽다고 느낀다. 낡은 가치관이 좀 더 개방적으로 존재하려는 것을 얼마나 가로막는지 깨닫게 된다. 여자들은 남자들의 기대에 압박을 느낀다. 참고 견디는 역할에서만 자신을 경험한다. 이 역할은 부부 사이에서 중요한 요소일 수 있다. 하지만 서로에게 자신이 존중받는다는 느낌을 충족시켜 주지 못한다. 남편이 그런 이유로 아내를 떠나면 특히 여자들에게 깊은 상처가 된다.

A 버림받은 여자는 자신의 존엄을 믿지 못한다. 광야로 쫓겨났다고 느끼며 자기를 포기한다. 사랑에 굶주리고, 광야에서 목이 말라 죽을 지경에 처한다. 이때 모든 남자에 대해 끝 모를 증오를 키우는 여자가 많다. 남자의 부정적인 면만 본다. "남자들은 다 똑같아. 여자를 성적 욕구의 대상으로만 여기지. 책임감도 없어. 진실이나 참된 사랑 같은 건 몰라." 이런 선입견을 만든다. 남편이 떠나 버리면 여자 안에 이런 선입견이 형성되는 것도 이해가 된다. 그 상처는 깊다. 그러나 강한 여자는 이 상처를 이겨 내고 자신의 강점으로 발전시킨다. 자기를 떠난 남자를 자기 밖으로 내던져 버리기 위해 공격성을 이용한다. 자신의 공

격성을 홀로 살 수 있는 생의 활력으로 바꾼다. 숨은 능력을 계발하고 자신의 삶을 살아 내는 것에 즐거움을 느낀다.

L 한 중년 부인은 남편이 젊은 여자 때문에 자기를 떠나는 일을 겪었다. 그들은 아이들을 키우며 큰 집을 지었다. 남편은 아내가 모든 집안일을 도맡아 한 덕분에 경력을 쌓을 수 있었다. 그녀는 남편이 떠나자 깊은 상처를 받았고 모든 힘을 잃었다. 다 깨졌다고 생각했다. 힘든 시간을 보내고 상황을 직면한 후에 그녀는 갑자기 이런 말을 했다. "그 시간은 남편이 내게 준 선물이었던 것 같아요. 나는 그제야 억지로 나에게 집중하고, 새로운 면들을 발견했어요. 새로운 삶을 시작해야 했지요. 오히려 좋은 기회였던 것 같아요." 그 순간 화해의 종이 울리고 그녀는 자신의 존엄과 힘을 되찾았다.

A 오늘날 버림받아 광야로 쫓겨난 여자들이 자기 눈을 뜨게 해 주는 천사를 어디서 만날 수 있을까? 곁에 있는 친구들일 수 있다. 비록 그런 일을 겪었지만 그녀는 가치 있고, 그녀 안에 큰 풍요로움이 있다는 느낌을 친구들이 전해 준다. 그녀는 자기 삶을 스스로 살아 내기 위해 슬픔, 고통, 분노를 활력으로 바꾸어야 한다. 그녀는 누구의 아내가 아니다. 독립된 존재다. 그녀는 활

잡이의 어머니다. 그녀의 삶은 성공할 것이다. 화살로 맞추어야 할 목표를 발견한다.

책도 천사가 될 수 있다. 자신의 상황을 다르게 평가할 수 있는 눈을 열어 준다. 때로 미사나 묵상 중에 확신을 주는 체험을 한다. "내 삶은 성공할 거야. 나는 혼자가 아니야. 천사가 내 곁에 있어. 천사는 내 신적 존엄의 확신, 영적인 일면, 하느님과 삶의 신비에 대한 예감이야. 남편이 몰아넣은 괴로움이 누구도 손댈 수 없는 나의 신적 존엄을 보는 눈을 열어 준 거야. 남편이 나를 떠날 수도, 내게 상처를 줄 수도 있지만 내 존엄까지 가져가진 못해."

ᴸ남편과 사별한 여자 대부분은 그와 깊은 결합을 느낀다. 고요 속에서 자신의 마음을 움직이는 그와 이야기한다. 그는 그녀의 천사다. 여자가 절망을 느낄 때 동행하며 그에게 의지할 수 있다. 어떤 여자는 자연이나, 기댈 수 있고 그 굳건함에서 위로받을 수 있는 나무를 찾는다.

ᴬ하가르를 통해 힘든 상황, 깊은 고통 속에서도 자기 연민에 빠지지 않는 법을 배울 수 있다. 남편이나 남자에 대한 원망에 머무르지 않고 삶을 자기 손으로 붙잡아야 한다. 자기 안에서 생동

하며 용솟음치는 우물을 찾아야 한다. 모든 여자 안에는 마르지 않는 우물이 있다. 사랑과 지혜, 힘의 신성한 우물이다. 불행이 자신을 둘러싼 벽을 망가뜨릴지라도 생명의 집 바닥에는 마르지 않는 우물이 있다. 그 위에 지은 것이 무너지면 우물이 드러난다. 여자의 내면에는 하가르의 강인함이 있다. 상처를 극복하고, 그로 인해 성숙한다. 남편에게 버림받고 무시당했지만 깨지지 않는다. 오히려 놀랍도록 강해지고 지혜를 펼친다.

한 사람을 놓아주는 것, 구속하지 않고 그가 살고자 하는 대로 자유롭게 놓아주려면 내면에 큰 힘과 사랑이 있어야 한다. 여자는 비애, 절망, 분노를 느낀다. 놓아주어야 하는 사랑도 있음을 깨닫지 못한다. 그러기 위해서는 자신의 힘으로 살 수 있다는 큰 신뢰가 필요하다.

가수 길라 안타라는 버림받은 여자의 마음을 노래했다.

> 당신이 왜 나를 떠나야 했는지
> 그렇게 가야 했는지 내게 물었죠.
> 난 흐느껴 울며 당신이 돌아와
> 영원히 나와 함께할 거라는
> 희망을 가졌죠.

그러나 당신은 돌아오지 않았어요.
버림받은 채 나는
슬픔과 고통을 겪었죠.
그 모든 것을 통해
내 안에 있는 힘으로 살아야 한다는 것을 배웠어요.
나는 날마다 더 강해질 거예요.

나는 이제 당당히 걸어가고
내 심장은 모든 존재를 위해 뛰며
바람은 불고 강은 흐르며
내 가슴 안에 있는 사랑으로 나 또한 갑니다.

태양이 떠오르는 것을 보고
눈과 얼음의 아름다움을 보며
기쁨이 근심을 몰아내고 괴로움은 녹아 버려요.
나는 내 안에 있는 힘으로 살아야 한다는 것을 배웠고
나는 날마다 더 강해질 거예요.

절망을 지나 다시 새롭게 삶을 모험하는 여자에게 얼마나 큰 용기와 담대함, 신뢰와 힘이 있는가!

Anselm_ 버림받았지만 천사가 보호한 여자의 원형이 너의 상처를 대하는 데 도움을 주었니? 버림받았을 때 어떻게 대처하지?

Linda_ 저는 유년기에 이미 버림받은 느낌을 알고 있었어요. 하가르의 이야기와 비슷해요. 그런 상황에서 천사처럼 내 곁에 있어 준 사람이 있었어요. 좀 더 자라서는 위로가 필요할 때 음악이나 책 한 권, 기도가 나와 함께해 주었지요. 모든 사람 안에는 힘이 있고, 그 힘을 통해 상황을 끝낼 수 있어요. 저도 그런 경험을 해 보았지요.

결혼해서는 남편 직업 때문에 오랫동안 떨어져 있었어요. 그때 버림받은 느낌이 들었어요. 내 힘으로 살아야 한다는 도전은 나를 강하게 만들었지요. 나 자신을 버리지 않고, 버림받지 않았다고 느끼려고 노력했어요. 그러기 위해 지금 내게 필요한 것이 무엇인지 감지하는 것이 중요했어요. 누군가에게 전화를 걸거나 편지를 쓰고 아니면 만나서 내가 어떻게 느끼는지 말하는 것이 도움이 되었어요. 버림받았다는 느낌 대신 저는 결속되어 있다고 느꼈고 그 후에는 모든 것이 더 가벼워졌어요.

그러한 상황에서 뜻밖의 전화나 편지를 받으면 내가 혼자가 아니라는 느낌에 행복해지기도 했어요. 무척 기뻤고 그에 대한 고마움이 컸어요.

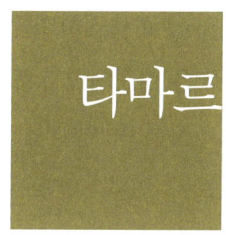

| 야성녀

^A야성녀를 대하는 여자들의 반응은 상반된다. 매력적으로 느끼기도 하지만 거부감을 느끼기도 한다. 그들은 이 원형이 자기에게는 맞지 않는다고 생각한다.

야성녀를 좋아하고 자기 안에 기꺼이 허용하고 싶어 하는 여자가 많다. 그들은 사회가 (자주 남자들이) 여자에게 덧씌운 상들을 깨뜨리고 싶어 한다. 야성녀는 여자의 내면에서 솟구치는 샘과 자신의 근원적 힘을 만나게 한다. 자연과 그 힘에 접촉하는 야성의 남자가 그렇듯, 야성의 여자는 여자 안에 숨은 길들여지

지 않고 솔직하며 걸러지지 않은 잠재력을 들추어 낸다. 그 힘은 많은 여신에게서 표현된 자연의 힘이다.

성경 속 인물 중 가나안 여자 타마르에게서 야성녀의 원형을 볼 수 있다. 마태오는 유다인이 아닌 타마르를 예수의 족보에 올려놓았다. 타마르는 다윗의 조상인 유다에게서 두 아들을 낳았다. 유다의 가족사는 명예롭지 못하다. 유다는 다른 민족의 여자를 아내로 삼았다. 그는 가나안 사람의 딸 수아를 아내로 맞아, 두 아들 에르와 오난을 낳았다. 유다는 맏아들 에르에게 가나안 여자 타마르를 아내로 얻어 주었다. 그런데 에르는 하느님이 보시기에 악해서 하느님이 그를 죽게 했다. 당시에 남편이 죽은 여자는 시동생에게서 후손을 얻을 수 있는 권리가 있었다. 오난은 형수 타마르와 동침해야 했다. 그렇게 낳은 아들은 죽은 형의 후손이 된다. 유다는 오난에게 형을 대신해 자손을 낳아 주어 책임을 다하라고 한다. "오난은 그 자손이 자기 자손이 되지 않을 것을 알고 있었기 때문에, 형수와 한자리에 들 때마다, 형에게 자손을 만들어 주지 않으려고 그것을 바닥에 쏟아 버리곤 하였다"(창세 38,9). 그것이 하느님이 보시기에 악해서 그도 죽게 했다.

유다는 셋째 아들도 제 형들처럼 죽을까 봐 두려웠다. 타마르에게 셋째 셀라가 클 때까지 친정에 돌아가 있으라고 한다. 실은 쫓아낸 것이다. 유다는 이 약속을 지키지 않았다. 유다가 타마르를 친정으로 보낸 것은 며느리의 정당한 사회적 지위를 박탈한 것이다. "친정에 사는 과부는 사회생활과 가정생활에 정당하게 참여할 수 없었다"(Walter 13).

기만당한 타마르는 자기를 지킬 계략을 짜냈다. 창녀로 변장해 유다가 양털을 깎으러 팀나로 올라갈 때 지나는 길 어귀에 나가 앉았다. "유다가 그를 보았을 때, 얼굴을 가리고 있었으므로 창녀려니 생각하였다. 그래서 그는 길을 벗어나 그 여자에게 가서 말하였다. '이리 오너라. 내가 너와 한자리에 들어야겠다'"(창세 38,15-16). 타마르가 한자리에 드는 값으로 무엇을 주겠는지 물으니, 유다는 새끼 염소 한 마리를 보내겠다고 했다. 그녀는 담보물로 인장과 줄, 지팡이를 요구했다. 유다는 그것들을 주고 동침한 후에 떠났다. 며칠 후에 유다는 친구 편에 새끼 염소 한 마리를 보내면서 담보물을 찾아오게 했다. 그러나 창녀를 찾을 수 없었다. 그 일대에는 창녀가 없다는 것이다.

"석 달쯤 지난 뒤, 유다는 '그대의 며느리 타마르가 창녀 노릇을 했다네. 더군다나 창녀질을 하다 임신까지 했다네' 하는 말을 전해 들었다. 유다가 명령하였다. '그를 끌어내어 화형에 처하여라'"(창세 38,24). 끌려 나온 타마르는 유다에게 인장과 줄, 지팡이를 보여 주며 이 물건의 주인이 아이의 아버지라고 말했다. 그때 유다가 깨달았다. "그 애가 나보다 더 옳다! 내가 그 애를 내 아들 셀라에게 아내로 주지 않았기 때문이다"(창세 38,26). 타마르는 쌍둥이를 낳았는데, 그들이 페레츠와 제라였다.

본디 타마르는 '대추야자 나무'라는 뜻이다. 고대 이스라엘에서 대추야자 나무는 생명의 원형이었다. 유다는 타마르에게 생명을 선사하기를 거절했다. 그녀의 나무에는 아무것도 꽃피지 못했다. 유다는 타마르를 친정으로 돌려보냈다. 그는 며느리가 셋째 아들마저 죽게 할지 모른다고 불안해했던 것이다.

태곳적 불안과 그에 대한 방어기제가 이 이야기에 묘사되어 있다. 여자에 대한 남자의 불안은 여기에 있다. 지그문트 프로이트는 "남자에게는 여자가 자신을 삼켜 버릴지 모른다는 불안이 있다"고 했다. 남자는 여자를 멀리 떠나보내는 것으로 피해 보려 한다. 겉으로 보기에는 남자가 더 강한 사람 같다. 그러나 유다는 성욕을 채우려고 여자를 찾았다. 그는 창녀에게 간다. 이때 성경은 도덕을 논하지 않는다. 사실만 기술한다. 결국 유다는 타마르가 옳다는 것을 깨달았다.

타마르는 자의식이 강한 여자다. 그녀는 계략을 써서 곤경에서 벗어난다. 약자는 계략을 써서 위험에서 탈출한다. 계략으로 여자는 권력 관계를 웃음거리로 만들고 무너뜨린다. 유다는 창피를 당했다. 친구가 그 창녀를 찾지 못했을 때, 이렇게 말했다. "가질 테면 가지라지. 우리야 창피만 당하지 않으면 되니까"(창세

38,23). 아무 일도 없었던 것처럼 일을 마무리하고 싶었지만 창피를 당했다. 그는 태도를 정해야 했다. 유다가 며느리를 법정에 세웠을 때, 이렇게 고백할 수밖에 없었다. "그 애가 나보다 더 옳다!" 타마르는 여자로서 권리를 찾기 위해 자기 몸을 걸었다.

토마스 만은 『요셉과 그 형제들』에서 타마르에게 특히 관심을 기울였다. "타마르는 인류 역사에 자기를 끼워 넣기 위해 자신의 여성성을 이용한다. 그녀는 어떤 대가를 치르더라도 모든 것을 거는 '단호한 여자'다"(Mann 1164). 토마스 만에 따르면 타마르가 창녀로 변장해 유다와 한자리에 든 것은 성욕을 채우기 위해서도 아니고 과부로 돌봄을 받으려는 것도 아니다. 어떤 이상이 있었다. 토마스 만은 그녀의 행동을 평화의 왕인 예수의 탄생과 연결 지어 해석한다. 그는 마태오가 전하는 예수의 족보를 받아들인다. 마태오는 세 여자, 즉 라합, 룻, 우리야의 아내와 함께 타마르를 예수의 족보에 올려놓았다(마태 1,3-6 참조). 이 여자들은 모두 타민족 출신이다. 그들은 다른 세상에서 왔다. 그들은 남자들이 이어 가는 전통의 흐름을 깨뜨린다. 그 여자들은 예수 안의 어떤 다른 것, 신적인 것이 이 세상에 뚫고 들어온다는 것에 대한 비유다. 메시아의 탄생에서 이 여자들의 중요한 역할을 토마스 만은 분명하게 표현했다. "그 여자에게서 일어났다. 바로 가장 약한 곳에 들어와 일어났다. 첫 약속이 여자 품에서 이루어졌다(창세 3,15 참조). 남자들에게 두었던 것이!"(Mann 1166).

타마르는 야성녀의 원형에 잘 맞다. 야성녀는 자유롭다. 타인의 기대에 따라 행동하지 않는다. 자기가 원하는 대로 행동하고, 자기에게 맞는 것을 한다. 사회 규범에 따라 판단하지 않는다. 보다 깊은 차원에서 나오는 풍요로움과 생동성으로 살아간다. 자신이 처한 현실을 수동적으로 견디지 않는다. 주도권을 잡고 모험을 감행한다. 타마르는 당시 법에 따라 화형에 처해질 수도 있었다. 그럼에도 용기 있게 행했다. 그녀는 자기가 정당하다는 것을 안다. 시아버지는 아들을 주지 않았다. 그녀의 생존권을 인정하지 않은 것이다. 타마르는 위험한 계략을 짜낸다. 도덕적으로 따지지 않는다. 그녀는 후손을 얻기 위해, 그것을 통해 자신의 사회적 지위를 유지하기 위해 창녀로 변장한 것이다.

성경은 (지금 교회 안팎에서 그러는 것과는 다르게) 도덕을 논하지 않는다. 타마르는 자신의 직감에 따라 행동한다. 옳음을 인정받는다. 마태오는 예수의 족보를 열거하면서 마리아 앞에 일부러 타마르를 언급한다. 타마르는 마리아처럼 비정상적인 방법으로 아이를 낳았다. 성경은, 굽은 줄에도 글을 바로 쓰시는 하느님을 말하고 있다. 하느님은 인간이 생각하는 것과 다르게, 당신이 원하시는 대로 구원을 행하신다.

타마르 같은 야성녀는 사람들의 판단에 좌우되지 않는 자유로운 여자다. 그녀는 남들의 판단이 삶을 지지해 주는 것이 아니라 오히려 속박한다는 것을 안다. 야성녀는 억압받지 않는다. 사람들을 따르지 않고, 자신의 직관을 따른다. 여자들에게 이 직관은 자주 외면당한다. 우리가 내면의 소리에 귀 기울이고 내면의 느낌에 반응한다면 그 직관을 발견할 것이다. 내가 어디에 있어야 하나? 기다려야 하나, 서둘러야 하나? 내게 좋은 것이 무엇인가? 이렇게 자문하는 것이 자기보존 욕구다. 타마르는 자신에게 물었을 것이다. 어떻게 해야 생존권을 찾을 것인가?

타마르처럼 삶에 대한 새로운 전망을 얻기를 원한다면 삶에 대한 열정이 있어야 한다. 삶에 대한 열정은 불붙은 생각을 발전시키고 몰입하게 해 준다. 다른 사람이 해 주기를 기다린다면 의존적이 된다. 우리 안에 있는 야성녀는 삶을 변화시키는 자신의 힘을 이용한다. 무엇이 자기에게 맞는지 느끼며, 다른 사람에게 기이하게 보여도 그것을 행한다. 야성녀는 순응하라는 외압보다 내면의 목소리를 믿는다. 본능을 따르며 내면의 힘을 믿는다. 그것이 그녀를 내면적으로 자유롭게 한다. 야성녀는 내면의 불꽃을 느낀다. 자기 안에 길들여지지 않는 것이 있음을 안다. 그러므로 그저 기쁨을 기쁨으로, 비애를 비애로 살아 낸다. 성숙한 여자로서 내면에 있는 근본적인 것을 잃어버리지 않는다.

야성녀는 모든 제한을 깨뜨리고, 원하는 대로 사는 여자라고 생각하는 여자가 많다. 오랫동안 타인이나 스스로가 정한 기준에 순응해 온 여자들에게 매력적인 상이다. 야성녀는 여자가 오랫동안 자신의 본질과는 맞지 않는 테두리 안에서 살았음을 일깨운다. 자신의 힘과 생동성을 잃어버렸다는 것을 느끼지 못한 채 그런 속박 속에서 고통을 겪으면서 수동적으로 행동하는 여자가 많다. 여자들은 곤경에 빠져서야 자신 안에 있는 야성을 발견한다. 그래야 자신이 받아들인 속박을 깨뜨리고 나올 수 있다. 길들여지지 않은 힘으로 가는 입구를 단번에 찾게 된다. 무엇이 자신의 참된 본성이며, 자신이 실제 누구인지 느낀다. 생명을 위해, 필요한 것을 얻기 위해 타마르처럼 변해야 한다는 것을 안다. 자신의 생동성과 힘을 느끼려면 지체하지 말고 능동적으로 반응해야 한다. 야성녀는 자기 힘에 기뻐하며 살고자 한다.

🅐 여자들은 자주 야성녀를 복수의 여신 푸리아나 모반자, 치케, 마녀와 결부시킨다. 예전에는 부정적으로 여겼던 여성상을 오늘날 대중매체들이 모범으로 삼는 것도 흥미롭다. 여자들은 치케를 일컬어 그렇게 까탈스러워야 더 잘살 수 있다며 치켜세운다. 이 치케가 의미하는 바를 보다 자세히 살펴보면, 치케는 자신 스스로 서려는 야성녀의 원형적 상이다.

여자들은 복수의 여신 푸리아를 자기 안에 실현하도록 요구받기도 한다. 푸리아는 미쳐 날뛰며 분노하는 여자다. 그리스 신화에서 푸리아는 뱀의 머리를 하고 눈에서는 피가 흐르는 모습으로 묘사된다. 그리스에서 푸리아는 공포심을 일으키는 복수의 여신이다. 예전에는 소크라테스의 아내 크산티페를 불만 가득하고 남편에게 잔소리를 늘어놓는 부정적인 여자로 보았다. 그러나 오늘날에는 모범으로 제시된다. 공개적으로는 군자요 훌륭한 스승으로 자처하는 남자에게는 크산티페처럼, 푸리아처럼 해야 한다는 것이다. 그러면서 크산티페가 남자의 가면을 벗겨 냈다고 말한다. 그러나 그런 행동은 좋지 않다. 여자의 독자성을 희화할 뿐이다. 자신을 마녀라고 부르는 여자가 있다. 마녀는 그녀 안의 길들여지지 않은 힘, 깊은 곳에서 나오는 힘을 상징한다.

　이 모든 여성상에는 긍정적 힘이 숨어 있다. 여자가 자신을 표현하는 힘은 바로 야성에서 나온다. 그러나 이 야성이 원형을 과장하고 왜곡하기도 한다. 야성을 너무 오랫동안 억누르고 살면 갑자기 폭발한다. 여자들은 자신 안의 야성을 올바르게 접촉해야 한다. 그러면 그러한 과장이 필요 없다. 자기 안에 감추었던 힘으로 다시 살게 된다. 야성은 모든 여자 안에 있는 길들여지지 않고 방해받지 않은 잠재된 힘을 열게 한다.

야성녀는 자신의 불같은 측면을 안다. 자신의 파괴적 에너지와 야성을 부인하지 않는다. 그것을 조심스럽게 대해야 한다는 것도 안다. 자신의 파괴적 측면, 미움, 분노, 비열함을 안다. 그것들을 잘라 내서는 안 된다. 그 안에서 자신을 위한 은총과 지혜를 발견할 수 있다. 그 에너지가 삶을 움직이는 건설적인 힘으로 바뀔 수 있다. 그 힘은 상처를 민감하게 대하고 공감한다. 야성의 힘은 생명을 돌본다.

야성녀는 자신의 여성성을 남자에게 맞서는 데 쓰지 않는다. 자기의 강점을 알며, 남자의 강점도 허용할 줄 안다. 야성녀는 남성성이 자신을 풍요롭게 해 주는 데 도움이 된다고 본다. 자기 힘을 남자에게 투사하지 않으며, 자신의 힘으로 살아 낸다. 남자를 압제자 역할로 내몰지 않는다. 자기 능력을 억압하는 것은 바로 자신임을 알고 있다.

가령, 휴가지를 정하거나 무엇을 결정해야 할 때, 바라는 것이 있을 때, 여자는 자주 상대에게 억압당한다고 느낀다. 결정은 언제나 남자가 하고, 자기가 원하는 것은 받아들여지지 않는다고 말한다. 대화를 하다 보면, 남자는 자기가 바라는 것을 분명하게 말하는데, 여자는 우물쭈물하는 것이 여실히 드러난다. 여자는 결정하는 데 좀 더 시간을 달라고 말할 것이다. 여자가 원하는 바를 속 시원히 말하지 않는 탓에 남자가 결정하고 여자는 마지 못해 따라간다. 어떤 때는 단지 희망사항일 뿐 꼭 하고 싶은 건 아니라고 말한다.

여자는 자신이 느끼는 것을 분명하게 보여 주지 못한다. 아니라고 생각하면서 예라고 말한다. 스스로를 존중하지 않고 자신의 경계를 명확히 하지 않으면 자신의 힘을 보여 주지 못한다. 자신의 힘을 억압한다. 그러면 그 힘을 남자에게 전가해 남자의 힘에 맞선다.

야성녀는 스스로를 진지하게 여긴다는 것을 남들에게 분명히 표현한다. 자신의 진심을 무시하며 살지 않는다. 자신의 야성을 숨기지 않으며 자기 힘으로 산다. 야성에서 발하는 힘으로 움직이고, 그 힘으로 자기에게 중요한 것과 목표를 향해 간다. 진솔하고 분명하며 조금도 틀림없이 표현한다. 이렇게 분명한 여자는 언제나 상쾌하다. 또한 그 상쾌함을 퍼트린다. 다른 사람도 그녀를 보며 분명하게 속을 터놓을 수 있다.

🅐 회사 경영이나, 부서 회의, 간부 회의나 교구 회의에서 종종 대화를 실질적으로 진행하는 사람은 야성녀다. 그녀는 남자들이 회의에서 벌일 싸움을 꿰뚫어 본다. 논의의 핵심에서 벗어나지 않게 이끌어 해결책을 찾는 데 도움을 준다.

ᴸ자기가 하고 싶은 말을 할 수 있는 용기는 중요하다. 다른 사람이 좋아하는지, 아닌지는 이차적 문제다. 내가 나를 좋아해야 하고, 내가 내 마음에 들어야 한다. 이를 통해 무엇보다 다른 사람의 판단에서 자유롭게 된다.

ᴬ이는 여자들이 나아가야 할 길이다. 타인이 나를 비하할까 봐 부대끼고 불안하게 된다. 야성녀는 자신의 힘으로 선을 긋는다. 타인에 의해 자신의 가치를 결정하지 않는다.

ᴸ주말 강좌에 참가한 여자가 말했다. 자신이 느끼고 생각하는 방식이 여성적이라며 어떤 남자가 자기를 깎아내렸다는 것이다. 그녀는 곧바로 "내가 왜 당신에 의해 평가되어야 하죠?" 하고 응수했다. 그 남자가 즉시 물러서며 사과하기에 그녀도 깜짝 놀랐다고 한다.

　야성녀는 몸과 성에 대해 불안해하지 않는다. 야성은 자신의 여성성에 대한 기쁨에서 성애를 느끼게 한다. 남자들의 시선이나 경탄에 의해 자신의 매력을 평가할 필요는 없다. 단지 자기 안에 있는 여성적인 것을 살아 내고 표현하면 된다. 바로 여기에서 자신의 감성과 성적 매력을 얻게 되며, 자신의 성을 표현하고 살아 낼 용기를 얻는다.

안타깝게도 자신의 여성성에 대한 기쁨을 잃어버린 여자가 많다. 대부분 교육을 통해 자기 성이 비하되는 경험을 했다. 자신은 이 모든 자연스러운 것을 즐길 만큼 자유롭지 않다고 느낀다. 도덕적 가치 판단과 죄책감이 여자에게 영향을 끼친다. 오늘날 젊은 여자들은 자유롭지 못하다고 느낀다. 대중매체가 쏟아 내는 성적 표상은 보통 여자들이 따르기는 힘든 이상理想이다. 그런 표상에서 벗어나 타인이 자신의 성을 간섭하지 못하게 하는 야성이 필요하다.

특히 폭력을 당한 여자가 자신의 야성을 재발견하려면 다른 이들이 도와주어야 한다. 내면의 길들여지지 않은 곳으로 들어가는 문을 찾도록 도와주어야 한다. 자신의 불같은 측면, 누구도 자신의 내적 힘을 깨뜨릴 수 없음을 당당히 보여 주어야 한다. 이런 힘의 표상이 되는 두 여자가 있다. 어릴 적 성추행을 당했던 이 벨기에 여자들은 자신 안에 있는 야성의 힘을 전하고 있다. 그들은, 이 야성이 무엇에 의해서도 파괴될 수 없다는 당당함을 여자들에게 보여 준다.

사회 규범이 여자의 생동성을 속박할 때도 야성이 필요하다. 야성이 그러한 규범에서 벗어나도록 해 준다. 여자 안에 있는 야성의 자유로움은 여러 영역에서 드러난다. 사회 안에 설 것인지, 혼자 남아 고독을 감당할 것인지 선택한다.

알고이에 살면서 야성녀를 많이 만난다. 그들은 완전히 자연과 결합되어 있다. 자신의 본성과도 잘 결합되어 있다. 이 여자들도 많이 순응하면서 산다. 그러나 야성이 때론 그 궤도를 깨뜨린다. 그들은 자연의 생성과 소멸의 리듬을 안다. 그 자연의 리듬을 근원적인 힘으로 받아들인다.

여자가 이렇게 자연과 결합되어 살면 아주 능동적으로 행동할 수 있다. 재충전하기 위해 물러날 때를 안다. 자연의 리듬을 살피면 적당한 시기를 알게 된다. 언제 상황이 달라질지 느낀다.

🅐 야성녀는 여자들에게 이중적으로 보인다. 여자들은 이 여성상에 매혹된다. 이 여성상에 내재한 자유, 생동성, 힘을 느낀다. 불안도 따라온다. 그들은 야성을 자기 안에 허용했을 때 이 사회가 뭐라고 할지 불안해한다. 여자들은 이 야성을 자유롭게 표현하며 살기에는 너무 길들여졌다.

🅑 세미나에서 여자들에게 야성녀에 대해 생각나는 대로 써 보라고 했다. "그렇게 되고 싶지만, 나를 믿지 못하겠다. 교육에 의해 자유분방함 같은 감정은 잃어버렸다. 실패할 것이 분명하다." "나는 내 안의 야성이 시키는 대로 살고 싶다. 그 야성이 내게 생동성, 삶의 즐거움, 자립, 힘과 창조성을 줄 것 같다." "나

는 야성을 명확하게 느끼지만, 조금만 드러내며 산다. 야성은 내게 분노에 대한 불안, 강함과 비판에 대한 불안, 진저리 나는 것에 대한 불안, 나를 진짜로 드러내야 한다는 불안을 일으킨다."

🅐 야성이 이끄는 대로 살 때 여자들은 불안하다. 더 이상 싹싹하고 사랑받는 여자가 아니라고 생각한다. 여자에게는 사랑받고 싶은 욕구가 야성대로 살고자 하는 소망보다 더 강하다. 자신의 강함에 기뻐하기보다 그것에 깜짝 놀라는 여자가 더 많다. 자신의 강함을 억누르다 보면 어느 날 폭발해 버린다. 여자의 야성은 사람들을 납작하게 내리누르는 힘이 아니다. 사방으로 무작정 공격하는 힘이 아니다. 똑바로 세워 주는 힘, 분명한 방향을 가리키는 힘이다.

🅑 여자들은 자신 안에 있는 것을 말해야 한다. 그러면 서로 자신의 야성을 표현하면서 살아갈 용기를 발견한다. "야성을 표출하며 살기란 힘들다. 그에 대한 반대와 거부에도 불구하고 물러서지 않아야 한다. 나는 받아들여지고 싶다. 나는 사회의 일부다. 내 안의 야성은 에너지, 매력, 웃음, 기쁨을 발산한다. 때론 이런 것이 놀라운 일을 한다."

🅐 여자들은 기꺼이 야성녀가 되고 싶어 하면서도, 정말 그래도 되는지 늘 갈등한다. 한 어머니는 자기 딸은 야성을 억누르며 살지 않는다고 이야기했다. 딸을 보며 자기 안에도 그렇게 격렬하고 길들여지지 않은 힘이 숨어 있음을 깨달았다. 늘 피곤하고 축 처져 있다면 그것은 여자가 자기 안의 야성을 잃어버렸다는 징조다. 이 원형과 접촉하면 에너지, 매력, 삶의 기쁨을 발산한다. 내면에서 계속 에너지가 샘솟는다. 전쟁 중에 가족이 힘든 상황에 있을 때 이 야성과 접한 여자가 많을 것이다. 자기 안의 무한한 에너지로 힘든 상황을 헤쳐 나갈 수 있었다.

🅑 이제 열거할 표현들을 연상해 보자. 그 이미지들이 여자를 야성과 결합시킨다. "탈출. 소리 지르기. 충동. 성애. 내가 누구인지 보여 주기! 원하는 대로 행동하기! 자신을 생각하기. 자아실현. 자유. 유쾌함. 춤. 웃음. 울음. 높고 깊게 온전히 살아 내기."

이것은 모든 여자 안에 숨어 있는 근원적 동경이다. 교육이 야성을 길들였다. 지금 여자에게 중요한 것은 자기 안의 야성대로 살아가는 것이 아니다. 먼저 자신의 길들여지지 않은 힘을 알아야 한다. 언제 그것을 사용해야 하는지 느껴야 한다. 한 여자는 이렇게 썼다. "나는 일상과 규칙을 사랑한다. 내게 야성은 필요 없다. 구하지도 않는다."

🅐 그녀는 아직 야성을 살아 낼 때가 되지 않았다. 그녀는 다른 특성이 요구되는 단계에 있다. 여자가 언제 어디서나 야성녀일 필요는 없다.

타마르는 아주 평범한 주부였다. 자기 권리가 기만당했을 때 야성을 실현했다. 모든 여자의 삶에는 다양한 단계가 있고, 그때마다 다른 원형이 강조된다. 여자가 남자의 억압 때문에 신음할 때, 타인의 기대에 따라 움직이고 스스로에게 과도하게 요구할 때 야성이 필요하다. 과도한 기대의 악순환을 끊고 자기가 옳다고 여기는 것을 행해야 한다. 내면의 소리를 따르며, 힘과 영리함으로 자기에게 꼭 필요한 것을 획득하는 야성녀가 필요하다.

🅛 야성은 약해지고 자신의 생동성이 차단되는 것을 허용하지 않는다. 여자는 고통스러운 상황을 열정적으로 살아 내서 삶에 도움이 되게 한다. 용기를 내서 능동적으로 낯선 길을 간다면, 생명으로 이끄는 자신의 힘을 경험할 것이다.

고통을 겪으면서 야성녀는 자신의 근원적 힘을 발견한다. 야성녀는 새로운 삶을 시작하려면 과거를 떠나보내야 한다는 것을 안다. 새로운 삶에 대한 의지로 고통에 맞선다. 누구에게나 이러한 상황이 닥칠 수 있음을 안다. 이런 내적 힘은 삶이 결코 어렵지만은 않다고 말해 준다. 어려움 가운데에서도 가벼움을 찾는다. 자신의 내적 힘을 끌어내 삶의 무거운 짐을 좀 더 가볍게 지고 간다.

  자유로운 여자들을 살펴보면 우리 안의 야성을 재발견하는 데 도움이 된다. 길들여지지 않고 자유로웠던 시간, 우리 안에 있는 소녀에 대한 기억도 도움이 된다. 그러면 이제 성숙한 여자에 아이의 자발성과 솔직함을 결합하면 된다.

Anselm_ 네 안에 있는 야성을 어떻게 경험하지? 무엇보다 어떤 상황에서 야성이 필요하지? 네 안의 야성을 표출했을 때, 주위의 판단에 어떻게 대응하지?

Linda_ 어렸을 때 저는 어머니에게서 순응을 보았어요. 하지만 세 이모와 함께 있는 어머니 모습은 잘 정돈된 여성상으로 보였지요. 강하고, 아주 즐거워 보여서 나도 그렇게 되고 싶었지요. 내 안의 야성을 마음껏 펼치지 못할 때도 많았어요. 야성이 너무 제한되어 있었거든요. 내 안에서 야성이 반짝 빛이 났지만 강하게 경험하지는 못했죠. 그러나 어릴 때를 기억하면 내 안에는 언제나 야성이 있었고, 나이가 들면서 점점 내 안에 있는 근원적인 것을 재발견하게 되었어요. 야성이 그동안 내가 중요하게 여겼던 것들에서 나를 자유롭게 해 주었어요. 내 안의 야성이 과거를 떠나보내고, 새로운 것에 개방해야 할 때가 되었다고 느끼게 해 주었어요. 여자들과 나누고 함께하는 것이 얼마나 중요한지 분명히 보여주었어요. 다른 여자의 힘과 삶의 기쁨을 나누며 좀 더 강해지는 걸 느꼈어요. 그런 경험은 언제나 풍성한 것이었지요. 기진맥진하거나 용기를 잃었다고 느낄 때가 있어요. 그땐 내가 너무 순응했구나, 내 안에 있는 야성을 보지 못했구나 하고 깨달아요.

다른 사람이 나를 소유하려 할 때, 혹은 사람들이 너무 조심스럽게 대할 때 그 관계에는 야성이 필요해요. 그럴 때 저는 그 일을 하나하나 짚어가려고 하는데, 그렇게 해야 생생하게 살아나지요. 내가 축 처질 때 특히 야성이 필요해요. 내면의 소리를 듣지요. "징징대는 것 좀 그만둬. 지난 것은 잊어버려. 결론을 내. 능동적으로 행동해." 이 내면의 소리는 내가 어떤 것을 움켜잡고 이루어 갈 수 있는 힘과 용기를 주지요.

요즘에는 내 야성에 대한 다른 사람의 판단에 영향을 받지 않아요. 무엇이 내게 맞고, 무엇이 필요한지는 나만이 아니까요. 자기 안에 야성으로 가는 문을 발견한 사람은 내 야성에게 힘을 더해 주고 그 힘을 절대 제한하지 않아요. 내면적으로 자유로운 사람이 타인을 자유롭게 존재하도록 할 수 있으니까요. 저에게는 바로 이것이 여자들에게 중요한 야성의 측면이지요.

| 예언자

A 남자와 여자 모두에게 예언자 원형을 찾아볼 수 있다. 여자 예언자에게는 남자 예언자와는 다른 독특한 특성이 있다. 이는 오늘날 다양한 방식으로 나타나는데 손금으로 사람의 미래를 읽는 점쟁이 등이 있다. 예언이 돈벌이 수단이 되어 속임수가 쓰이고 악용되기도 한다. 그러나 예언자 원형은 여자의 본질적 특성인 진리에 대한 감각을 가리킨다. 예언자는 무엇이 참인지, 무엇이 옳은지, 사건의 배후에서 깨달은 것을 말한다. 여자는 깊이 본다. 미래에 대한 감각이 있다. 예언자에게는 미래를 가리키고 사

건을 올바로 해석할 수 있는 능력이 있다. 사건의 표면만 보는 것이 아니라 배후를 본다. 사물과 그 사물의 본디 의미를 안다.

성경에는 여자 예언자가 여러 명 나온다. 그중 미르얌은 잘 알려져 있다. 미르얌은 아론과 모세의 누이다. 예언자로서 미르얌은 이집트 탈출과 갈대 바다의 기적을 자신의 노래로 해석한다. 이스라엘인들은 이집트에 정착했었다. 그러나 자유로운 유목민인 그들은 이집트의 엄격한 조세제도 아래 고통을 겪었다. "파라오 람세스 2세는 전제 군주는 아니었다. 그러나 그의 엄격한 중앙집권적 국가에서 초지를 이용하려는 소유목민들도 세금을 납부하고 부역을 해야 했다"(Ohler 69). 이는 자유로운 생활에 익숙한 이스라엘인들에게 맞지 않았다. 그런 삶은 노예와 다를 바 없었다. 그들은 이집트에서 탈출했다. "이집트 국경 수비대는 도망자들을 쉽게 잡을 수 없었다. 도보로 도망하는 자들은 가축 떼와 함께 얕은 갈대 바다를 안전하게 건널 수 있었지만, 무거운 전차로 쫓는 추격자들은 그렇지 못했다"(같은 책 70).

이집트 탈출과 갈대 바다 사건은 이스라엘 민족이 항상 기억하며 언급하는 원기적이다. 여자며 예언자인 미르얌은 무슨 일이 일어났는지 백성에게 설명해 준다. "예언자이며 아론의 누이인 미르얌이 손북을 들자, 여자들이 모두 그 뒤를 따라 손북을 들고 춤을 추었다. 미르얌이 그들에게 노래를 메겼다. '주님께 노래하여라. 그지없이 높으신 분, 말과 기병을 바다에 처넣으셨네'"(탈출 15,20-21).

예언자 미르얌은 실재를 본다. 겉으로 보기에 이 사건들은 이스라엘인들에게 운이 좋았던 일이다. 그들은 걸어서 갈대 바다를 건너갔지만, 이집트인들은 옴짝달싹하지 못하고 가라앉기까지 했다. 하지만 미르얌은 그것이 행운 이상의 것임을 깨달았다. 이 일은 하느님이 하신 역사적 사건이다. 사람들은 우연이라고 할 것이다. 드러난 사실만 보면 세상을 움직일 만한 사건은 아니다. 전차 몇 대가 물에 빠졌고, 이스라엘인들은 무사히 건너갔을 뿐이다. 미르얌은 이 사건이 우연이 아님을 안다. 민족에게 하느님이 행하신 일이다.

미르얌은 사건의 배후를 본다. 하느님이 이 일에서 자기 백성과 함께 뜻을 이루고자 하셨음을 깨닫는다. 미르얌에게 구원하고 해방하는 하느님의 본질이 분명하게 드러났다. 예언자는 구체적 사건에서 하느님의 행위와 사랑의 신비를 결합한다. 드러난 사건만 보지 않고 그 배후에서 근본을 발견하고, 그 뜻을 해석하고 말하는 능력이 있다. 그녀의 말은 이론적 해석이 아니다. 여자들에게 닿아서 그들을 움직이게 하고 함께 춤추게 한다. 여자들끼리 접촉해 서로 영감을 불어넣기 위해서는 여자 예언자가 필요하다.

시인 볼프강 디트리히는 미르얌을 찬미한다.

미르얌 — 예언자

침묵하지 않고,

백성 안에서, 사이에서, 앞에서

노래하고 춤추는 안내자.

미르얌 — 참된 예언자

하느님을 대면하며,

숨기지 않고, 누구도 짓밟지 않고,

남자에 의해 중재되지 않는 자.

가리지 않은 얼굴,

금지되지 않은 입으로 노래하는 여인이며 발언자.

방해받지 않은 손으로 리듬을 타며

자유의 길을 춤추며 가는 여인(Dietrich 49).

유다계 혼혈인 잉게보르크 바하만은 미르얌에 대한 놀라운 시를 썼다. "그녀는 미르얌을 유다교 대표자로 보며, 세상을 구원할 임무를 부여한다"(Motté 78).

돌가슴을 만져, 기적을 행하라

그 돌에서 눈물이 흐르도록.

뜨거운 물로 너에게 세례하라.

우리가 우리에게 더 낯설어질 때까지

낯선 이로 머물라.

오늘날에도 미르얌을 통해 돌같이 굳은 마음이 부드러워지고, 얼어붙은 감정이 세례의 뜨거운 물로 녹아내리는 기적이 일어난다. 예언자로서 미르얌은 머리로 하느님의 행위를 해석하지 않는다. 그것이 단지 합리적인 해석이었다면 누구의 마음도 움직이지 못했을 것이다. 미르얌의 말에 여자들은 끌렸다. 미르얌은 손북을 잡는다. 여자들은 말하는 대신 노래하고 춤추면서 선포한다. 그것을 본 다른 여자들도 마음을 빼앗긴다. 남자들은 무슨 일이 일어났는지 이해하지 못한다. 춤추며 노래하는 여자들은 하느님이 말과 기병을 바다에 처넣으셨다는 것을 안다. 여자들은 함께 그들이 경험한 갈대 바다의 구원에 대해 하느님에게 감사를 표현하고 싶다.

미르얌에 대한 해석은 합리적 차원에서 발원하는 것이 아님을 앞서 말했다. 미르얌은 자기 주위에 일어난 일을 눈으로 보는 데 그치지 않는다. 본 것을 배와 가슴으로 연결하는 선지자다. 드러난 사건만 보는 것이 아니다. 감정을 더해 그 사건이 자기 안에 불러일으키는 것을 느낀다. 이는 무엇이 타인에게 유익하며, 무엇이 아프게 하는지 느끼게 해 준다.

  표면적으로 보면 사람들이 신경 써야 하는 것은 법률이나 규범, 돈이다. 이런 것들이 사람들 사이에 일어나는 일에 감정을 개입하려는 여자를 힘들게 한다. 그러나 그 보이는 것들이란 단지 일부이며 감정이 나머지를 구성한다. 여자가 자신의 감정을 개입하면, 깊이 놓여 있는 것과 실제로 사람의 마음을 움직이는 것이 무엇인지 보는 시야가 넓어진다.

  그것이 예언자의 은총이다. 그러나 이 때문에 종종 따돌림당하고 오해를 받기도 한다. 여자들은 이 예언자가 주의를 환기시키려고 하는 것을 느낀다. 여자들은 쉽게 감동한다. 이는 여자들을 강하게 결속하게 하고 위대한 일을 하게 이끈다. 예언자는 다른 사람의 마음을 움직인다.

  여자들은 미르얌처럼 힘 있게 손북을 치며 춤출 수 있는 용기가 필요하다. 단지 눈앞에 있는 규범과 법만 바라볼 것이 아니라, 우리의 방식으로 인간을 인식하며 타인에게 그 방향을 가리킬 수 있도록 용기를 내야 한다.

A 구약성경에서 예언자는 하느님에게 부름 받은 자, 또는 하느님을 부르는 자다. 미르얌은 하느님에게 부름 받았다. 백성을 위해 특별한 소명을 받았다. 고대 이스라엘의 예언자들은 하느님에 취해 있었다. 그들의 황홀한 도취는 점점 다른 이들에게 옮아갔다. 미르얌은 분명 어떤 것에 감동되었다. 그녀는 하느님에게 사로잡혔다. 다른 여자들도 그녀를 보고 하느님에게 사로잡혔다. 여자들이 춘 황홀의 춤은 하느님이 그들에게 선사한 자유에 대한 감격의 춤이었다. 남자들 눈에는 아마 제정신이 아닌 것처럼 보였을 것이다.

L 여자들은 미르얌이 느낀 감격을 짐작할 수 있다. 자기와 자기 감정을 춤으로 표현하는 걸 좋아하는 여자가 많다. 춤은 본디 여성적이다. 여자들은 가볍게 즐기려고 춤추기도 한다. 또한 춤추며 명상도 하고, 자기 안에 침잠하기도 하고, 충만한 황홀과 삶의 기쁨을 누리기도 한다. 미사에서 춤으로 표현하는 여자도 많다. 그들에게 춤은 기도다. 손으로, 발로, 몸으로, 영혼으로 기도한다. 하느님에게 사로잡혀 움직이고, 그 내적 움직임을 몸으로 표현하고 싶어 한다. 춤은 또한 여성적 생동성의 표현이다. 고상함과 평정심의 표현이든, 열광과 삶의 기쁨의 표현이든 여자는 춤으로 말로 표현할 수 없는 깊은 내면에 접촉한다.

🅐무엇보다 미르얌은 그녀의 예지력 때문에 예언자로 불렸다. 미르얌은 하느님이 의도하신 대로 역사를 바라본다. 삶의 신비를 더 깊이 바라본다. 사건의 근본 의미를 간파한다. 미르얌의 예지력을 지닌 여자가 많다. 여자에게는 특별한 시각이 있다. 말의 참뜻을 꿰뚫어 본다. 사물의 근저를 본다. 어떤 일을 단순히 겉으로 판단하거나, 이성으로만 평가하지 않는다. 여자에게는 그 일에 대한 내면적 지식, 근본적인 것에 대한 감각이 있다. 남자는 말의 논리적 연관 관계와 내용에 따라 사람을 판단한다. 여자는 근본적인 것을 본다. 여자는 상대방의 몸짓에서 그가 속이 좁은지 넓은지, 우쭐대는지 겸손한지 안다. 자기를 중심에 세우는지, 본분을 지키는지, 자기 안에 근거하는지, 배후에 자기 불안을 감추며 자제하고 있는지 알아본다. 여자는 그 사람이 내뿜는 빛이 치유하며 해방하는 빛인지 아니면 불편하게 하고 소외시키는 것인지 알아본다.

  토론을 할 때, 여자는 가끔 논증하는 방식이 남자만큼 익숙하지 않아서 자기가 눌린다고 느낀다. 그러나 여자는 미르얌처럼 자신의 느낌을 신뢰해야 한다. 여자는 누구의 말이 맞는지, 그 말이 축복이 되는지, 불행을 초래하는지, 온기인지 냉기인지, 맑고 투명한지 속셈이 있는지 느낀다. 남자는 종종 조심스러워하면서도 자신의 의도를 감추려고 논증을 길게 늘어놓는다.

L 그러므로 여자는 자신의 내적 능력을 믿어야 한다. 또한 그 능력으로 살아갈 용기가 있어야 한다. 내가 해야 할 것을 남자가 대신해 주길 기대해서는 안 된다. 자신의 느낌을 경청하고, 진지하게 여겨야 한다. 그럴 때 남자도 우리 말을 경청하고, 진지하게 여긴다. 미르얌에게서 우리 안에 있는 예언자를 믿고, 자기 느낌에 주목하는 법을 본다. 보는 것을 자신의 내적 느낌과 시각에 맞게 해석하는 법을 배울 수 있다.

A 예언자에게는 권력 구조를 비판해야 할 사회적 의무가 있다. 하느님이 백성에게 무엇을 원하시는지, 무엇이 인간을 진실과 생명으로 이끄는지 선포한다. 이것이 예언자가 실현해야 하는 정치적 의무다.

노르웨이 여성 정치가 마트라리는 여자들이 좀 더 적극적으로 정치에 참여하기를 촉구한다. 여자가 남자보다 더 잘 보기 때문이다. 여자는 대립하기보다 이해하려고 한다. 마트라리는 여성 정치가들이 남자 중심의 권력 구조에 억압되어 있다고 한탄한다. 여자들은 자기 임무를 가족 안에서의 어머니 존재로만 힘들게 조화시켰다. 남자들만의 정치 구조에 밀려, '여성 정치'를 하지 못한다. 그래서 마트라리는 정치판에 여자들만이 가진 장점을 가지고 들어와야 한다고 주장한다. "여자의 정치 방식은 남자의 방식과는 다르다. 무엇보다도 평화를 촉구한다. 폭력이나 전쟁이 아닌 다른 수단을 통해 갈등을 중재하고자 한다. 삶을 긍정하는 가치를 세우고자 한다"(Matlary 57). 여자들은 항상 자녀들을 먼저 생각하기 때문에 자기가 세상의 중심이 아니라는 것을 끊임없이 상기한다. "확실한 현실주의와 겸손"(같은 책 60)을 가지고 온다. 여자들은 자신의 사회적 능력을 정치에 가지고 들어와야 한다. "여자들이 잠재적으로 더 나은 정치가다. 우리는 아이들(그리고 남편!)과 함께하는 일상적인 경험에 근거해서 평화를 세우고 갈등을 해결하는 데 익숙하다. 우리는 자신에게만 빠져 있을 시간이 없다"(같은 책 60). 그래서 마트라리는 누구보다 여자들이 사회 문제에 관심을 쏟기를 바란다. 비인간적인 경제구조를 개선해 나가기를, 갈등을 조정하기 위한 평화적 가능성을 만들어 내기를 요구한다. "우리는 인간적인 요소들의 강력한 의미를 제시하며, 인간의 존엄이 모든 정치의 중심에 서는 것이 보장되길 원한다. 나는 남자들이 인간적이지 않고 평화적이지 않다고 주장하는 건 아니다. 여자들에게 그러한 것들을 세우는 특별한 능력이 있다고 믿는다"(같은 책 61).

Anselm_ 여자 예언자의 원형이 너에겐 어떤 의미지? 스스로 예언자라고 느낄 때가 있니?

Linda_ 저는 이제껏 예언자 미르얌을 생각해 보지 못했어요. 미르얌에 대한 신부님의 생각을 읽고 나서 여성성의 일면인 예언자에 대해 깨닫지 못했다는 것을 느끼게 되었어요. 특히 합리적으로 사고하는 사람들과 토의할 때 예언자처럼 표현하는 것이 비이성적이라고 느꼈어요. 말한 것을 듣는 것만이 아니라, 그에 대한 나의 느낌을 결부시키는 것을 남자들은 이해하지 못했지요. 그럴 때 자주 이런 말에 부닥치게 되죠. "그렇게 볼 수 없습니다." 그러나 저는 이 능력을 신뢰해요. 이 능력은 내 안에 있는 보다 깊은 것에 대한 느낌이고, 이 느낌은 내가 보는 것보다 더 위대한 것을 보도록 도와줘요. 다른 사람이 그렇게 할 것인지는 그들이 판단할 문제지요.

내 안에 예언자상을 지니는 것은 좋은 일이에요. 보고 느끼는 예언자의 방식은 보다 깊은 곳을 향하게 내 눈을 열어 주니까요.

| 판관

🅐 판관이라는 원형은 여자에게 무엇이 좋고 나쁜지, 옳고 그른지 구분할 수 있는 능력과 접하게 한다. 판관은 모두에게 올바른 관계를 정립한다. 틀어진 것을 바르게 하고 굽은 것을 곧게 편다. 한평생 올바르게 산다. 무엇이 사람을 돕고, 무엇이 해치는지 직관적으로 판단한다.

판관이라는 상은 오늘날 자주 간과되는 여성의 강점을 드러낸다. 현실에는 남자 판사가 더 많지만 판단은 여자의 본질적 능력에 속한다.

구약성경은 드보라를 통해 여판관의 원형을 보여 준다. 이야기는 이스라엘 백성의 기원으로 거슬러 올라간다. 이스라엘은 이집트에서 탈출해 약속의 땅을 차지한다. 하지만 곧바로 적들과 끊임없이 싸워야 하는 냉혹한 현실을 경험한다. 이스라엘은 비옥한 이즈르엘 평야를 점령하지 못했다. 그곳에는 가나안인들이 살고 있었고, 강력한 필리스티아인들이 평야의 많은 도시를 지배했다. 산악 지대의 협소한 땅에 만족했던 이스라엘은 필리스티아인들과 가나안인들에게 괴롭힘을 당했다. 때때로 하느님은 영웅을 부르시어 이스라엘에게 평화와 안녕을 누리게 해 주셨다. 이 영웅들이 판관의 역할을 맡았다. 이스라엘 곳곳에서 자신의 법적 문제를 호소하려고 사람들이 판관에게 몰려들었다. "사람들은 보통 성문 앞이나 씨족 장로회에서 법적 문제를 토로했다"(Ohler 90). 장소에 구애받지 않고 법적 문제를 다루는 구조도 있었다. 사람들은 특별히 존경받는 판관에게 가서 법적 문제를 해결하기도 했다.

그렇게 장소에 한정되지 않은 판관이 드보라다. 그녀는 법적 문제에 정통했다. 이스라엘에는 조언을 하거나 법적 문제를 해결하는 데 도움을 주는 여자들이 있었다. 예를 들면, 요압의 군사들에게서 아벨을 구한 지혜로운 여자가 있다(2사무 20,16 참조). 또한 사무엘기는 트코아에서 온 지혜로운 여자가 요압을 어떻게

도왔는지 말한다(2사무 14장 참조). 트코아 여자는 "판관을 '하느님의 천사 같은 분으로 선과 악을 판별해 주시는 분'(2사무 14,17)이라고 묘사한다"(Ohler 91). 드보라에 대해 성경은 이렇게 말한다. "그때에는 라피돗의 아내 여예언자 드보라가 이스라엘의 판관이었다. 그가 에프라임 산악 지방의 라마와 베텔 사이에 있는 '드보라 야자나무' 밑에 앉으면 이스라엘 자손들이 재판을 받으러 그에게 올라가곤 하였다"(판관 4,4-5).

남자들도 여판관 드보라에게 와서 물었다. 그녀가 자초지종을 잘 듣고 올바로 말해 준다고 믿었다. 이 판관은 옳고 그름, 현실과 허구, 참과 거짓을 판단할 수 있는 여자다. 드보라는 또한 이스라엘의 어머니로 칭송받았다(판관 5,7 참조). 꿰뚫어 보며 옳고 그름을 구분하는 여자를 사람들은 어머니처럼 의지한다. 그녀는 확고하고 편안한 빛을 비춘다.

드보라의 임무는 정의를 말하는 데 한정되지 않는다. 그녀는 바락에게 만 명을 데리고 시스라의 전군과 철 병거 구백 대와 맞서 싸우라고 명한다. 바락은 드보라가 함께 가면 싸우겠다고 대답한다. 드보라는 준비가 되어 있다. 장비도 제대로 갖추지 못한 농부들이, 무장한 철 병거와 맞선다는 것은 뻔한 싸움처럼 보인다. 그러나 큰 비의 도움으로 이스라엘은 시스라의 철 병거를 물리친다. 시스라는 병거에서 내려 도망가 헤베르의 아내 야엘의 천막에 숨었다. 야엘은 그에게 우유를 마시게 하고 그가 잠들자 천막 말뚝을 가져와서, 말뚝이 땅에 꽂히도록 그의 관자놀이에 들이박았다. 한 여자가 승리를 쟁취했다. 이 전쟁의 영웅은 드보라나 바락이 아닌 야엘이다. 드보라는 이 전쟁을 노래한다. 무슨 일이 일어났는지 근본적으로 해석한다. 노래로 드보라는 이스라엘의 절망적인 상황을 묘사한다. "이스라엘의 사만 군사 가운데 방패나 창이 하나라도 보였던가?"(판관 5,8). 드보라는 자신에게 노래한다. "깨어나라, 깨어나라, 드보라야. 깨어나라, 깨어나라, 노래를 불러라"(판관 5,12). 그리고 원수를 멸망시킨 야훼에 대한 찬미로 노래를 마무리한다. "주님, 당신의 원수들은 모두 이렇게 망하고 당신을 사랑하는 이들은 힘차게 떠오르는 해처럼 되게 하여 주십시오"(판관 5,31).

드보라는 판관일 뿐 아니라 군대를 이끄는 장수이자, 이스라엘의 지도자였다. 그녀가 지도자로 선출된 것은 아니지만, 백성이 위기에 처해 누구도 목숨 걸 각오를 하지 않았을 때 지도자의 임무를 맡았다. 장수인 바락도 적에 맞서 군대를 동원하는 것을 불안해했다. 그는 한 여자를 의지했다. 드보라는 바락에게 부족한 확고함과 능력을 전해 주었다.

오늘날 정치·경제·사회·종교 분야에서 지도자 자리에 있는 여자가 많다. 지도자 세미나를 할 때 이런 질문을 자주 받는다. "여자와 남자의 지도력은 다른가?" 나는 다르다고 생각한다. 남자가 더 지도력이 있는가 아니면 여자가 더 있는가 하는 문제가 아니다. 여자와 남자는 이끄는 방식이 다르다. 남자는 지도자가 되면 오직 목표만 생각한다. 좋은 결과를 얻기 위해 노력한다. 자기가 계획했거나 상사가 지시한 목표를 향해 온갖 지도력과 수단을 동원한다. 여자는 좀 다르다. 여자는 관계를 중요시한다. 먼저 여러 관계가 조화를 이루어야 한다고 생각한다. 그러면 좋은 결과를 얻기 위해 사람들이 함께 노력해서 달성한다. 여자에게는 건강한 기업 문화가 중요하다. 그 안에서는 성공을 목적으로 삼진 않지만 차근차근 성장해 나간다.

드보라의 지도력을 살펴보자. 드보라는 주도권을 잡았다. 그녀는 어려운 상황에서 징징거리는 것을 싫어한다. 불행의 원인을 공격할 용기가 있다. 그녀는 앞장서지만 승리의 영예가 자기와 함께한 사람에게 돌아가지 않으리라는 걸 미리 말한다. 계략으로 시스라를 죽인 여자에게 영예가 돌아갈 것을 알고 있었다.

잘 이끄는 여자는 무력 충돌을 피한다. 힘으로도 싸우지만 계략을 쓴다. 독일어 '계략'(List)은 본디 '행하다'(leisten)에서 왔으며, 지식과 관계 있다. 이 지식은 사냥, 전술, 마술, 숙련된 기술을 말한다. 여자가 계략으로 싸운다는 것은 사물의 배후를 본다는 것이다. 어떻게 하면 문제가 풀릴지에 대한 느낌을 뜻한다. 그녀는 문제를 직시한다. 현명함과 계략으로, 승리에 대한 확신으로 이긴다. 드보라는 전쟁에 힘을 다한다. 때를 안다. 언제 행동할지, 언제 기다릴지 느낀다. 그녀는 미숙한 무력으로 싸우지 않고 주어진 것을 활용한다. 경직된 긴장이나 호전적 경향을 내세워 이끌지 않는다. 충분히 생각하고 느끼며 적당한 때에 직관과 현명함을 발산한다.

   드보라 이야기는 오늘날에도 적용된다. 여자가 회사를 운영하거나 시장이나 장관이 되었을 때만 지도력이 필요한 것은 아니다. 가정에서도 지도력을 발휘하는 여자가 많다. 밖에서 보면 바락 같은 남자가 가정을 이끌어 가는 것처럼 보인다. 돈 벌고 집 짓는 계획도 남자가 한다. 여자는 본질적인 것을 한다. 여자가 집안 분위기를 좌우하고 집안 대소사를 처리한다. 아이 진로 결정이나 교육도 여자 몫이다. 여자에게는 권력이 아니라 현실을 이루어 가는 것이 중요하다. 이는 여자에게뿐 아니라 남자에게도 똑같이 중요하다. 드보라 같은 여자는 남자의 강한 부분을 알고 현명하게 그에게 일을 맡긴다.

   경제 분야에서 지도자의 위치에 있는 여자들은 "경력을 쌓는 것 이외에 개인적인 (특히 자녀들과 가족) 관계를 풍성하게 가꿀 때 성공했다고 느낀다"(Bischof 116)는 연구 결과가 있었다. 아이들을 잘 대하고 교육하는 법을 배운 여자들은 자신의 지도력을 발전시킨다. 라틴어 '이끌다'(ducere)와 '교육하다'(educare)는 어원이 같다. 교육한다는 것은 한 존재가 그 근원적 모습을 찾도록 이끈다는 뜻이다. 여자는 남자와 다르게 이끈다. 여자에게 중요한 것은 명예와 성공만이 아니다. 본질을 드러내는 것, 각 개인의 능력을 키우며, 자신의 재능을 발휘하려면 무엇이 필요한지 올바로 깨달을 수 있도록 조절하는 것이 중요하다.

지배하는 여자에 대해 불평하는 남자가 많다. 그러나 여자가 항상 지배적인 것은 아니다. 남자의 복종적이고 우유부단한 행동은 여자의 지배적인 측면을 불러낸다. 어머니에게 결정을 미루었던 남자는 이제 아내가 어머니처럼 해 주길 바란다. 여자가 잘 이끌기 위해서는 동등한 파트너가 필요하다. 바락은 드보라의 일면을 자기에게서 끌어내야 했다. 남편이 공격당하는 걸 두려워한다면 아내는 그를 자기 뒤로 숨겨야 한다. 그런 남편 때문에 여자가 지배하는 역할을 떠맡게 되는 것이다. 여자는 남자에 의해 그런 역할을 떠맡지 않고 자기에게 맞는 방식으로 이끌어야 한다. 드보라는 바락에게 행동하기를 요구했다. 드보라는 단순히 동행한 것이 아니다. 나와서 군대를 이끌라고 그에게 명령한다. 드보라는 바락과 함께 노래한다. "이스라엘에서 지도자들은 지휘하고 백성은 자원하여"(판관 5,2) 나선 것에 대해 주님을 찬미한다. 드보라가 "이스라엘의 어머니로 일어설 때까지"(판관

5,7) 모든 것이 힘든 상황이었다. 드보라는 일어선 여자다. 주도권을 잡는다. 드보라의 지도력이 놀라운 진짜 이유는 이스라엘의 지도자들이 마침내 자기 임무를 올바로 깨닫고 일어설 용기를 가졌다는 것이다.

ㄴ드보라는, 여자가 남자의 두려움을 어떻게 대해야 하는지 알려 주는 표상이다. 드보라는 남자 안에 있는 두려움을 보았지만 그를 연약하게 만들지 않았다. 남자는 여자 앞에서 자기의 두려움을 인정해도 괜찮다. 그런 걸로 웃음거리가 되지 않는다. 그것만이 신뢰를 만들 수 있다. 드보라는 바락이 두려움 안에 머물러 있어서는 안 되며 상황을 변화시키기 위해 행동해야 한다고 느꼈다. 그렇지 않으면 행동하는 다른 사람이 그에게 권력을 행사할 것이다. 드보라는 그에게 곤경을 직시하게 한다. 그 곤경은 행동하도록 강요한다. 바락에게 자신의 두려움을 넘어서 더 커지라고 한다. 드보라는 바락이 남자로서 행동할 수 있도록 그 자신의 능력을 믿게 해 주었다. 남자로서 존재하겠다는 그의 결단을 드보라는 알고 있었다.

우리 아버지는 나이 예순에 사업이 어려워 힘든 시기를 겪었다. 어머니 덕분에 아버지는 무력감과 체념에 맞서 일어설 수 있었다. 어머니는 아버지를 다시 일으켜 세우고 책임 있게 행동하도록 이끄셨다. 아버지가 포기하지 않도록 용기를 주고, 상황에 맞서 싸울 수 있게 힘을 내도록 이끌어 주셨다.

남자가 항상 온 힘을 쏟아 행동할 수는 없다. 남자도 여자와 똑같이 두려워하고 체념한다. 아주 깊고 인간적으로 경험한다. 그에게도 자기를 격려해 주고 자기에게 충분한 능력이 있음을 알아주는 사람이 필요하다. 여자는 남자가 상사나 어머니 또는 아버지 앞에서 약하다는 것을 알고 있다. 남자가 이러한 관계에서 자신의 남성적 힘으로 맞서지 않고 움츠러드는 것을 안다. 그런 태도가 상대방을 더 강하게 만든다는 것도 느낀다. 남자가 부모의 사랑을 받지 못했거나 자신의 능력을 무시받으며 자랐다면, 이것이 성인이 되어서도 당당히 맞서 싸우지 못하도록 방해하는 요인이 될 수 있다. 그는 직장에서 상사를 무서워하고, 부모의 사랑을 잃을까 봐 두려워할 것이다. 여자는 남자가 그 관계를 정말 두려워하는지 아니면 그에게 각인된 경험 때문인지 거리를 두고 보아야 한다. 여자는 남자에게 분명하게 말해 주어야 한다. 자신과 가족 또는 주위의 다른 사람을 위해 그가 행동하지 않는다면 그것이 무엇을 의미하는지 말이다. 그에게 자신의 약함으로 인해 일어난 부정적 영향을 보여 주며 남자로서 행동하고 상황을 변화시키도록 도전하게 할 수 있다.

🅐 여판관 드보라는 여자에게 딱 맞는 표상이다. 어머니는 가정에서 판결을 내리기에 바쁘다. 아이들이 다툴 때 어머니는 모든 아이에게 공평하도록 배려한다. 어머니는 어느 한쪽 편만 들지 않고, 어떤 일이 벌어졌는지 아이들의 말을 잘 들어 준다. 한 아이에게 부당한 일이 일어났다면 어머니는 그 아이 편을 든다. 약한 편을 들어 공평해지도록 한다. 이러한 판관의 능력은 법적 지식과는 아무 관계가 없다. 여자는 본능적으로 무엇이 올바르고 정당한지 안다. 날마다 아이들을 대하면서 판관의 능력을 늘 행하는 어머니에게만 이 능력이 있는 건 아니다. 분명 모든 여자 안에 있는 능력이다. 갈등을 중재하는 회의에서도 여자가 옳고 그름에 대해 섬세하게 말한다. 여자에게는 정의에 대한 타고난 감각이 있다. 여자에게는 독선이나 승패가 중요하지 않다. 정의가 모두에게 적용되기를, 그들의 권리와 요구가 받아들여지기를 바란다. 여자는 그러한 상황에서 남자의 주장에 현혹되기도 한다. 여자는 판관으로서의 능력을 신뢰하고 자기가 느끼는 것을 말해야 한다. 그것은 모두를 이롭게 하는 해결책으로 이끈다.

🅛 판관은 두 사람 또는 두 편이 관계된 경우 언제나 제삼자의 입장에 선다. 여판관은 판단하지 않으며 "이것이 그르다, 저것이 옳다" 말하지 않는다. 이 상황에서 누가 더 많은 생존권을 갖고

있는지 인식한다. 더 많이 가진 자는 다른 사람 위에 있으려고 한다. 남을 존중하지 않고 약자에게 동등한 생존권을 허용하지 않는다. 바로 이것이 여판관이 우리에게 요구하는 것이다.

  토의나 사적 모임에서 누군가 어떤 주제에 대해 의견을 내놓았는데 다른 사람이 그 의견을 무시하고 잘못되었다고 판단할 때가 있다. 이때 여판관이 개입한다. 다른 사람들처럼 듣기만 하지 않고 입을 연다. 그녀는 누군가 자기 의견을 독선적으로 주장하는 것을 허용하지 않는다. 그녀는 판단하지 않고 조화롭게 만든다. 그 근본 정서는 타인과 생존권에 대한 존중이다. 여판관은 누가 약자인지 느끼며 그의 편을 들어주고 균형을 이루게 한다.

[A]불평등한 대우만 받았다고 말하는 여자가 많다. 그들의 요구는 무시당했다. 예수는 과부와 불의한 재판관에 대한 비유를 든다(루카 18장 참조). 한 과부가 적대자에게 괴롭힘을 당해 재판관에게 갔다. 재판관은 과부의 말을 대수롭지 않게 여겼다. 과부는 로비를 할 수도 없었다. 재판관에게 말도 못한 채 그냥 홀로 남게 되었다. 그러나 과부는 고집이 세서 재판관을 날마다 찾아갔다. 재판관은 불안해졌다. 과부가 끝까지 자기를 괴롭힐지 모른다고 생각했다(루카 18,5 참조). 결국 과부의 말을 듣고 올바른 판결을 내린다. 예수는 이 대담한 과부를 기도하는 자의 표상으로 삼

는다. 우리는 기도를 통해 생존권을 쟁취한다. 하느님은 불의를 당한 이 여자에게 정의를 이루어 주시는 분이다. 여자는 기도하면서 아무도 손댈 수 없는 자신의 존엄을 경험한다. 내적 공간과 만난다. 그곳에는 누구도 상처 줄 수 없는 생존권이 있다. 이 여자에게는 어떤 기회도 없는 것 같다. 하지만 기도하면서 자기를 자기보다 더 크게 성장하게 하는 능력을 발전시킨다. 그녀는 굴복하지 않았다. 하느님이 머무르시는 내적 공간을 느낀다. 그곳은 누구도 손댈 수 없고 아무도 상처 입힐 수 없다.

여자는 약자가 자기 권리를 어떻게 지키는지, 잃어버렸다면 어떻게 되찾아야 하는지 본능적으로 느낀다. 이를 아이들을 대하면서 배운다. 지도자 자리에 있는 여자는 회사나 사회의 안녕을 위해 이를 적용할 수 있다. 여자는 사회 안전망에서 떨어져 나간 자들, 사회에서 통용되는 법과 권력자들의 척도에 의해 불이익을 당하는 자들을 볼 수 있는 눈이 있다. 오늘날 정치에서 여자들이 그 본능적 재능을 발휘해 드보라 같은 좋은 판관이 되는 것이 중요하다. 성경은 드보라를 "이스라엘의 어머니"(판관 5,7)라 칭송했다. 이 노래는 지금 가난한 자들을 위해 일어선 모든 여자에게 바치는 노래이기도 하다.

Anselm_ 너에게 판관의 원형은 무슨 의미지?

Linda_ 판관은 여자의 아주 강한 측면이에요. 판관의 능력을 좀 더 적극적으로 표현하면, 다른 사람이 생존권을 찾도록 돕기 위해 수많은 상황 속에 서야 함을 뜻하지요. 판관의 근본적 태도는 타인과 그 생존권에 대한 존중을 뜻해요. 이 원형을 보면 정의란 무엇인가에 대한 답을 얻는 것 같아요. 다른 사람의 의견은 틀리고 자기 주장만 옳다고 생각하면 누구와도 접촉할 수 없지요. 이렇게 자문하곤 해요. "여기에서 누군가 나와 다르게 생각하고 다르게 느낀다고 해서 무엇이 옳고 그른지, 좋고 나쁜지 누가 판단할 수 있나?"

판관의 원형에는 지도자의 측면도 있어요. 지도자의 자리에 있는 여자가 많아요. 상황이 어렵고 변화시켜야 한다는 압박을 받을 때가 있을 텐데요, 이때 여자들에게서 사람들을 이끌어 행동하게 하는 능력을 보곤 해요. 스트레스를 많이 받겠지만 그러한 능력에서 기쁨을 느끼는 여자가 많아요.

| 이방인

여자들은 자주 이 세상이 낯설게 느껴지곤 한다. 그들은 자신의 이중적 기원을 안다. 자기가 다른 세계에서 왔음을 짐작하고 있다. 남자에게 여자는 이해할 수 없는 존재다. 친근하고 매력적이지만 여전히 낯설어 그 속내를 알 수 없는 존재다. 이방인은 원형적 상이다. 여자가 이 원형을 잘 들여다보면, 자신을 더 잘 이해하고 스스로 서는 법을 배울 수 있다. 여자는 지금 살고 있는 이 세상과는 다른 세상에서 왔다는 것을 변명할 필요가 없다. 오히려 여자 안에 숨어 있는 비밀, 낯선 것, 미지의 것, 형언할

수 없는 것에 감사하게 될 것이다. 이런 것들이 여자의 존엄을 형성한다.

성경에 나오는 룻은 이방인의 원형이다. 룻은 모압 여인, 즉 이방의 여자다. 마태오는 룻을 예수의 족보에 올려놓았다. 구약성경에서 룻은 특별한 방식으로 아들을 낳은 네 여자 가운데 한 명이며 예수의 족보에 이방의 여자로 나온다.

룻 이야기는 빠르게 전개된다. 베들레헴에 살던 이스라엘 사람 엘리멜렉이 기근이 들어 아내 나오미와 두 아들과 함께 모압 지방에 가서 살게 되었다. 거기에서 두 아들은 각각 모압 여자 오르파와 룻을 아내로 맞는다. 그런데 엘리멜렉이 죽고 두 아들마저 죽게 되었다. 과부가 된 나오미는 고향 베들레헴으로 돌아가고 싶었다. 두 며느리에게 친정으로 돌아가라고 한다. 그러나 며느리들은 시어머니와 함께 가겠다고 한다. 시어머니의 강권에 오르파는 친정으로 돌아간다. 오르파는 국경까지 함께 동행한다. 그렇게 자기가 할 수 있는 만큼 간 것이다. 룻은 경계를 넘어서 새로운 가능성으로 점점 더 들어간다. 룻은 나오미와 떨어지지 않는다. "어머님을 두고 돌아가라고 저를 다그치지 마십시오. 어머님 가시는 곳으로 저도 가고 어머님 머무시는 곳에 저도 머물렵니다. 어머님의 겨레가 저의 겨레요 어머님의 하느님이 제 하느님이십니다. 어머님께서 숨을 거두시는 곳에서 저도 죽어 거기에 묻히렵니다"(룻 1,16-17). 룻은 낯선 곳으로 시어머니와 함께 가서 정착한다. 거기에서 이방인으로 뼈를 묻을 작정이다. 룻이 시어머니와 그렇게 친밀하고 그 종교를 받아들일 준비가 되어 있어도, 그녀는 여전히 이방의 여자로 남아 있다.

이 두 여자가 베들레헴에 왔다. 거기에는 남편 쪽 친척 보아즈가 살고 있다. 그는 구원자였다. 룻과 친족 관계로 혼인할 권리와 의무가 있었다. 룻은 보아즈의 들에서 떨어진 이삭을 주웠다. 이는 이스라엘에서 가난한 자의 권리였다.

보아즈는 룻에게 친절하고 관대하게 대해 주었다. 룻은 자기가 겪은 일을 시어머니에게 말했다. 그때 나오미는 보아즈가 룻의 구원자임을 알려 준다. 보아즈가 보리 타작을 마치고 자려고 누우면 그 발치를 들치고 누워라고 룻에게 말해 준다. 룻은 시어머니가 시킨 대로 했다. 보아즈가 깨어나서 룻에게 누구인지 묻는다. "저는 주인님의 종인 룻입니다. 어르신의 옷자락을 이 여종 위에 펼쳐 주십시오. 어르신은 구원자이십니다"(룻 3,9). 보아즈는 그럴 마음의 준비가 되어 있다. 그러나 룻에게는 보아즈보다 더 가까운 친척이 있었다. 보아즈는 성문에서 그 친척과 담판을 짓는다. 그 친척이 구원의 의무를 포기하자, 보아즈는 룻과 혼인한다. 룻은 임신을 하고 아들 오벳을 낳는다. 그는 이사이의 아버지고, 이사이는 다윗의 아버지다. 그렇게 이방의 여자 룻은 다윗의 선조가 되었고 예수의 족보에 오르게 되었다.

이방인의 원형에는 비밀이 숨 쉬고 있다. 이방인은 미지의 세계를 의미한다. 그는 다른 세상, 다른 문화에서 왔다. 이방인은 다른 차원에 기원을 둔다. 그리스도교 전통에는 성녀 바르바라가 있다. 바르바라는 이방인이라는 뜻이다. 지금은 야만인이라는 뜻으로 쓰이지만 로마인은 이방인을 바바리안이라고 불렀다. 그러나 바르바라는 하느님의 세계에서 왔다. 그녀는 이방인으로 이 땅에 왔다. 바르바라의 아버지는 자기 딸 안에 있는 낯선 것을 참을 수 없었다. 딸을 탑에 가두었다. 딸이 자기 생각대로 자라 주기를 바랐다. 딸을 자신의 틀 안에 꾸겨 넣으려고 한 것이다. 이방인으로서 바르바라는 잘 적응하지 못했다. 그러나 아버지가 그것을 이해하지 못해도 자기 안에 있는 것을 살아 낸다. 몸은 가두어도 그녀의 생각까지 가둘 수는 없었다. 탑에 갇혀 있으면서 자기가 초대한 현자들과 이야기를 나눈다. 자신의 내적 지혜와 이야기를 나누었다고 말할 수 있다. 누구도 생각까지 막을 수는 없다. 바르바라는 자기 생각을 고집한다. 아버지 뜻을 거역하고 그리스도인이 된다. 여자는 가족이나, 사회의 사고방식에 맞지 않는다고 느낄 때가 있다. 그러면 신경질을 부리거나, 까탈스럽게 된다. 주위에 낯설게 보여도 스스로를 편들려면 자신을 강하게 믿어야 한다. 바르바라는 그런 용기가 있었다. 스스로 생각하고, 고유한 삶을 발전시키는 것을 자기에게 허용했다.

바르바라처럼 룻은 우리가 통합할 수 없는 어떤 것을 구현하는 이방에서 온 여자다. 고대에는 이방인을 위험한 존재로 여겼다. 사람들은 이방인을 두려워하기도 하고 경탄하기도 한다. 이제껏 보지 못한 것을 이방인이 전해 줄 거라 기대한다. 이방인에게는 알려지지 않은 지식, 사람들이 모르는 특별한 능력이 있다고 생각했다. 이방의 여자는 마법을 부려 사람을 해치는 마술사의 이미지와 결부된다. 동화에서 마녀는 부정적인 이미지다. 그러나 긍정적인 상이기도 하다. 마녀에게는 특별한 능력이 있다.

중세 사람들은 마녀를 두려워했다. 마녀사냥을 통해 남자들이 얼마나 여자 안에 있는 미지의 것을 두려워하는지 보았다. 여자를 마녀라 욕하며 악마로 만들어 죽이려고 했다. 사제와 수도자들이 마녀사냥에 적극 참여했다는 사실은 교회사의 오점이다. 그들은 여자와 맞서고 싶지 않았다. 마녀라 부르며 여자 안에 있는 미지의 것과 낯선 존재를 없애 버리고 싶었던 것이다.

낯선 곳으로 간 여자는 홀로 설 수 있어야 한다. 아는 사람도, 알아주는 사람도 없이 홀로 견뎌야 한다. 이제 이웃이나 친구를 찾아가면서 시선을 다른 곳으로 돌릴 수 없다. 그럴 때 특히 자신의 내적 가치에 대한 느낌이 필요하다. 그렇지 않으면 설 자리가 없고 자기를 잃어버렸다고 느낀다. 소속감과 만남에 대한 갈망을 그 어느 때보다 강하게 느낀다. 자기를 개방하고, 낯선 사람과 만나고 싶은 마음이 생긴다. 자신은 호기심이 많고, 완전히 열려 있다고 말하는 여자가 많다. 사람들은 여자가 다른 이들의 반응을 걱정하며 지켜보기 때문에 특히 예민하다고 말한다. 여자는 바로 거기서 성장할 수 있고, 사람들의 반응에 좌우되지 않는 자기 가치를 만들어 갈 수 있다. 낯선 곳에는 열등감에서 벗어나 사람을 새롭게 만날 수 있는 기회가 있다. 선입견 없이 낯선 이들을 만나는 사람들에게서는 내적 자유의 빛이 나온다. 그들은 이방인을 있는 그대로 본다. 자신이 그어 놓은 가치 판단의 경계에서 벗어나 존재하게 한다. 그러면 그들이 더 풍성하게 받는다는 것을 경험할 것이다. 자기에게 없는 것을 다른 사람에게서 받을 수 있고, 자기가 가진 것을 그들에게 줄 수도 있다.

[A]자신 안의 낯선 존재를 의식하며 사는 여자들은 세상을 풍요롭게 한다. 이 세상에 새로운 것을, 우리 생각의 틀과 관계에 새로움을 선사한다.

[L]여자들은 여성성이 받아들여지기 힘든 곳에서도 어떤 낯선 존재를 경험한다. 여자들은 교회 안에서 여성성을 표현하지 못하

고 완전히 남성적인 것에 맞추어야 한다고 느낀다. 그들 가운데 어떤 여자들은 말없이 떠났고, 어떤 여자들은 자신의 여성적 생동성을 들여오고 싶어 한다. 남성적인 것을 치워 버리자는 것이 아니다. 더불어 더 풍성하게 누리기 위해 여성성을 교회에 정립하길 원한다.

🅰 많은 여자가 교회에 가고, 명예직으로 참여함에도 불구하고 오랫동안 교회는 남자들의 것이었다. 여자들이 자기 은총을 스스로 인식해서 교회 안에 가지고 들어오며, 남자들이 그에 대해 겁먹고 방어하지 않는다는 것은 미래의 큰 도전이다. 교회 안에서 남녀가 좋은 관계를 이룰 수 있다. 초대교회는 예수의 제자들 가운데 여자들에게 공동체의 중요한 임무를 맡기는 것을 주저하지 않았다. 여자들은 공동체 지도자, 봉사자, 선교사들이었다. 후대에 와서야 교회가 로마 체계의 남성적 구조를 받아들였다.

여자들은 자주 낯선 문화에 매혹된다. 낯선 것에 끌린다. 그들은 낯선 것에서 어떤 것을 취하려고 한다. 우리 이모는 사람 만나기를 아주 좋아했다. 이모가 한번은 아이펠에서 기차를 타고 우리 집에 올 때 옆 자리에 터키 사람이 앉았다고 했다. 이모는 기차 안에서 그 사람의 인생을 모두 알게 되었다. 가족, 직업뿐 아니라, 어린 시절은 어땠는지, 명절은 어떻게 보내는지, 아이들을 어떻게 대하는지 그런 것이 흥미로웠던 것이다. 그 이방인은 이모에게 매혹되었다. 이모를 대하는 데 어떤 불안도 없었다. 그 동행자에 대한 이모의 상세한 이야기를 들으면서, 이모가 그 이방인을 완전히 신뢰한다는 것을 느낄 수 있었다.

큰누이는 오랫동안 프랑스, 스페인, 이탈리아에 있었다. 그 낯선 곳에서 친구를 많이 사귀었다. 그들은 자주 우리 집을 찾아왔다. 어머니는 아주 소소한 이야기까지 나누셨다. 어린 우리들은 그것을 전형적인 여자들의 호기심이라고 치부했다. 그러나 그 이상의 것이 있었다. 처음 본 낯선 것에 대한, 사람에 대한 관심이었다. 어머니는 낯선 사람이 어떻게 사는지, 무슨 생각을 하는지 이해하려고 하셨던 것이다. 무엇이 더 나은지 비교하려는 것이 아니다. 그들로 인해 더 풍성해지려고 이방인에게 관심을 가졌던 것이다.

우리는 자신의 참된 내적 본질을 재발견하기 위해 낯선 곳으로 가야 한다. 익숙한 삶에서, 자질구레한 삶의 조건들 속에서 자기를 잃어버릴 수도 있다. 우리 큰언니는 자기가 살았던 나라들에서 자신의 참된 본질을 재발견했다. 낯선 것이 자기 것이 될 수 있고, 자기 자신도 그곳에서 만난 사람들을 풍요롭게 해 줄 수 있다.

🅐 이방의 여자는 구도자이기도 하다. 여자들은 오늘날 자신의 참된 정체성을 찾고자 한다. 남자의 생각의 틀을 그냥 넘겨받아서는 안 된다고 느낀다. 자신의 정체성을 추구하는 길을 간다. 이때 남자와 대립하는 것에서 정체성을 찾는 여성운동가가 많은데, 이는 남자들에게 의존해서 자신이 추구하는 것을 얻으려는 것이다.

오늘날에는 보다 많은 자유를 누리며 참된 정체성을 추구하는 여자가 많다. 여자들은 가장 깊은 곳에서 찾아낸 것, 즉 진리와 내면의 진정성을 추구하면서 삶의 중심에 선다. 여자들의 이러한 추구를 깎아내리는 남자도 많다. 그들은 자신의 표상에 맞는 틀에 여자를 끼워 맞추려고 한다. 남자들은 아내가 결혼하기 전과 달라졌다고 투덜댄다.

여자가 무언가 추구하면 남자는 불안하다. 그는 아내가 그냥 이대로 머물러 있었으면 좋겠다. 결혼 초기에는 아내에게 힘을 주었던 강한 남편도 아내가 자신을 찾아 나서고 지금까지의 삶에 만족하지 않으면 힘들어한다. 그는 아내가 과거에 머물러 있기를 바란다. 발전을 허용하지 않는다. 남편은 아내가 자신의 길을 갈까 봐 불안하다.

계속 추구하는 여자는 남자와의 관계도 요동치게 만든다. 그들은 낡은 것에 만족하지 않는다. 보수적인 여자들도 있지만 그들 또한 무엇인가 추구한다. 머물러 있지 않고 계속 발전하려고 한다. 자기를 생생하게 느끼며, 그것을 통해 관계를 풍요롭게 하기를 원한다. 그들은 자신의 감정을 잘 들여다보기 때문에, 내적 조화를 추구한다. 남편에게도 자신의 진리를 향해 손을 뻗으라고 요구한다.

Anselm_ 너는 언제 이방인이라고 느꼈지?

Linda_ 저는 남편 직장을 따라 이사를 많이 다녔어요. 늘 적응해야 했지요. 그때 저는 이방인이었어요. 언제나 낯선 존재 앞에 서야 했는데 그것이 저를 경계선으로 데리고 갔지요. 낯선 곳에서 나를 믿고, 새로운 것을 많이 발견하는 것이 제게는 늘 모험이었어요.
익명의 존재로 사는 게 때론 편하기도 해요. 하지만 곧 사람들에게 나를 개방하고 싶은 충동을 느꼈지요. 저는 사람들이 어떻게 그들의 삶을 표현하나 찾았죠. 그러면서 내 안에서 보다 강하게 발전시키고 싶은 것도 찾았어요. 낯선 사람들이 가까이 다가오고, 신뢰받는다고 느끼는 것은 커다란 풍요로움이에요. 그 체험이 저를 깊이 감동시켜요. 낯선 존재를 만나고 겪어 보는 것은 언제나 값진 일이죠.

| 여전사

🅐 끊임없이 싸워야 한다는 압박을 받는 여자가 많다. 여자들은 자주 싸움에 지친다. 여자들은 여전사의 원형이 도움이 되지 못할 거라 생각한다. 그러나 여전사의 원형은 여자들에게 자기 안에 있는 능력과 접하게 한다. 투쟁의 목적은 언제나 생명이다.

남자에 대한 책에서 나는 전사의 양면성에 대해 말했다. 여전사에게도 강점과 약점이 있다. 여자에게도 이 상은 도전이자 위험을 의미한다. 여전사는 자기 안의 '아니마'anima와 '아니무스'animus를 통합한 사람이다. 아니마는 영혼의 여성적 부분이고,

아니무스는 영혼의 남성적 부분이다. 여전사 안에서 아니마와 아니무스가 맞서 싸우는 것이 아니라, 투쟁의 에너지가 밖으로 흘러나와 거기에서 생명을 섬길 수 있도록 함께 작용한다.

여성운동가 가운데 여전사가 많다. 그들은 남자에 맞서 싸운다. 그들이 인정하고 싶지 않은 사람들과 싸우기도 한다. 여전사는 자기 자신과 조화를 이룰 때만 생명을 위해 투쟁할 수 있다. 그렇지 않으면 자기 자신과 싸우고, 에너지를 자기 분열만 일으키는 무익한 싸움에 소진하고 만다. 아니무스와의 통합은 여자가 여전사의 원형을 풍요로운 방식으로 실현하기 위한 전제다.

구약성경에서 유딧은 여전사의 원형을 실현한다. 유딧은 본디 '유다 여자'라는 뜻이다. 그녀는 이스라엘 민족의 대표이자 유다 민족의 정신을 자기 안에 구현한 여자다. 민족을 책임진 여자다. 유다 도시 배툴리아가 네부카드네자르의 공격을 받았다. 온 민족이 적장 홀로페르네스의 손아귀에 떨어질 찰나에 유딧이 계략을 세운다. 유딧의 남편은 삼 년 전 보리를 수확할 때 열병으로 죽은 므나쎄였다. 그녀는 과부로 살았다. 단식하고 과부 옷을 입었다. "유딧은 용모가 아름답고 모습이 무척 어여뻤다"(유딧 8,7). 남편은 유딧에게 유산을 많이 남겼다. "유딧에 관하여 좋지 않은 말을 하는 자는 하나도 없었다. 그가 하느님을 크게 경외하는 사람이었기 때문이다"(유딧 8,7). 유딧은 내적으로나 외적으로 아름다운 여자였다. 그녀의 부는 그녀가 지닌 내적 보물의 형상이다. 그녀는 하느님을 경외했다. 하느님을 자신의 가장 깊은 근거로 두고 살았다. 자기 안에 그리고 하느님 안에 근거를 둔 여자였다.

홀로페르네스의 군사가 배툴리아의 물길을 모두 막자 배툴리아 원로들이 견디지 못하고 닷새 뒤 성읍을 넘기겠다고 한다. 이에 유딧이 반대하고 나선다. 그들을 심하게 꾸짖는다. "여러분이 오늘 백성 앞에서 하신 말씀은 옳지 않습니다"(유딧 8,11). 원로들은 유딧의 지혜를 알아보았다. 그들은 비를 청하는 기도를 해 달라고 유딧에게 부탁한다. 비가 오면 항복하지 않아도 된다. 유딧은 주님이 자기를 통해 한 가지 일을 행하실 것이고 "대대로 우리 겨레의 자손들에게 남을 일을 하려고"(유딧 8,32) 하신다고 대답한다. 이 말에 큰 자기 신뢰가 배어 있다. 유딧은 과부 옷을 벗었다. 몸을 씻고 값비싼 향유를 바르고 단장했다. "유딧은 자기를 보는 모든 남자의 눈을 호리려고 한껏 몸치장을 하였다"(유딧 10,4). 자기 매력을 이용해 남자에 대항한다. 유딧은 자기 권력을 위해서가 아니라 하느님을 섬기는 가운데 일을 행한다. 그녀는 적진으로 들어가 홀로페르네스를 매혹시킨다. 그는 시종들에게 말한다. "세상 이 끝에서 저 끝까지, 저토록 얼굴이 아름답고 슬기롭게 말하는 여자는 다시 없을 것이다"(유딧 11,21). 홀로페르네스는 유딧을 놓치고 싶지 않았다. 유딧은 그와 함께 먹고 마셨다. 그는 아름다운 여자와 동침하고픈 욕망에 사로잡혔다. 유딧 때문에 기뻐하며 술에 취해 잠들었다. 그러자 유딧은 그의 칼을 뽑아 목덜미를 내리쳐 머리를 잘라 냈다. 유딧은 밖으로 나가 그의 머리를 여종에게 넘겼다. 여종은 그것을 음식 자루에 집어넣었다. 둘은 배툴리아로 돌아왔다. 그녀는 원로들에게 홀로페르네스의 머리를 보여 주며 말한다. "주님께서는 여자의 손으로 그를 치셨습니다"(유딧 13,15). 다음 날 아침 남자들이 적군과 싸우려고 성읍 밖으로 나갔다. 호위병이 홀로페르네스를 깨우러 침실로 들어가 보니, 머리가 없는 시체로 침대 발판에 너부러져 있었다. 아시리아 군대 수장들이 이 말을 듣고 울부짖었다. 그 소리에 온 군대가 혼란에 빠져 도망갔다. 이스라엘 자손들이 도망가는 아시리아 군대를 쫓아 전멸시켰다.

　원로들이 유딧을 칭송한다. "그대는 예루살렘의 영예고 이스라엘의 큰 영광이며 우리 겨레의 큰 자랑이오"(유딧 15,9). 이스라엘의 모든 여자가 유딧에게 와서 축복하고 춤춘다. 유딧은 춤추는 여자들을 인도한다. 여자들이 함께 춤추며 한 여자의 손에 적들이 전멸된 기쁨을 표현한다. 유딧이 노래한다. "그들의 영웅이 젊은이들 손에 쓰러진 것도 아니고 장사들이 그를 쳐 죽인 것도 아니며 키 큰 거인들이 그에게 달려든 것도 아니다. 므라리의 딸 유딧이 미모로 그를 꼼짝 못하게 만든 것이다"(유딧 16,6).

　많은 시인이 유딧에게 매혹되었다. 게오르크 카이저와 장 지로두는 유딧을 "시대의 관습과 억압, 기대를 벗어던진"(Motté 167) 여자로 보았다. 그러나 작가들은 대개 유딧과 홀로페르네스의 만남에 초점을 둔다. 절제된 성경 본문과 다르게 그들은 유딧이 홀로페르네스를 향한 사랑에 불타 복수심 때문에, 혹은 금지된 사랑 때문에 그를 죽였다고 묘사한다. 베르톨트 브레히트, 막스 프리슈, 롤프 호흐후트는 유딧이라는 인물을 각색했다. 유딧은 한 도시(브레히트) 또는 한 사람(프리슈) 또는 한 민족(호흐후트)을 구원하기 위해 목숨을 걸었다. 유딧은 이 모두를 위해, 생명을 위해 투쟁하려고 자기 전 존재를 건 용감한 여자다.

　유딧은 강한 여자, 여전사를 구현한다. 여전사는 여자에게 중요한 상이지만 오늘날 많은 사람이 어려워하는 상이기도 하다. 그들의 투쟁은 힘겨울 뿐 아무것도 얻어 내지 못한다. 본디 투쟁은 자기를 지킨다는 뜻이다. 유딧은 자기와 민족을 적에게서 지켰다. 그녀는 자신이 어디가 아프고, 어디에서 상처 입었는지 곰곰이 생각했다. 아픈 그곳을 보호해야 한다. 보호한다는 것은 안을 지키고 그것을 덮는다는 뜻이다. 경계를 정하고, 나를 침입하려는 타인에게 넘지 말아야 할 경계를 보여 준다는 뜻이다. 스스로 무엇인가 움켜쥐고 공격한다는 뜻도 있다. 나를 보호할 때 타인에게 맞서는 능력을 갖게 된다. 모두에게 맞서 싸워서는 안 되지만 우선 내 자신을 책임져야 한다.

ㄴ우리 안에 있는 여전사는 상처 입기 쉬운 삶을 보호한다. 자신의 약한 부분을 지키기 위해서는 공격이 필요하다. 여전사는 자신의 민감한 부분을 잘 안다. 무엇이 자기를 아프게 하는지 알며 힘을 모아 대처하는 법을 배운다.

우리 안에 있는 여전사를 존중하기 위해서는 자신의 상처받기 쉬운 부분에 주의해야 한다. 내가 인격적으로 받아들여지지 않을 때, 누군가 나를 비하하거나 어떤 특징을 꼬집어 웃음거리로 만들 때 상처받는다. 여전사는 거기에 맞서기 위해서가 아니라 자신을 위해, 여자로서의 존엄을 위해, 자신의 내적 아이를 보호하기 위해 싸운다.

상처받기 쉬운 부분은 언제나 우리 안에 있는 아이와 관계 있다. 어릴 적 경험했던 아픔은 성인이 되어도 상처로 남는다. 어릴 때부터 그녀는 두꺼운 갑옷을 입고 자기를 보호했을 것이다. 성인이 되어서도 타인과 부딪치지 않으려고 방어기제를 세운다. 끊임없이 타인을 공격하거나, 무엇이 자기를 아프게 하는지 더 이상 느끼지 못하게 한다. 그러나 여전사는 자신의 민감한 부분을 잘 알아야 한다. 이것이 바로 자신을 위해 싸울 수 있는 감수성이다. 여전사는 사람들의 비나 비난, 죄책감으로 자신이 언제 약해지는지 예민하게 느낀다.

우리 안에 있는 여전사는 타인의 규칙을 자기에게 강요하지 않는다. 자신의 규칙에 따라 싸운다. 타인에게 단호하게 말한다. "잠깐! 이런 식으로는 더 이상 이야기하고 싶지 않아요. 당신이 진정으로 원하는 것을 털어놓고 말한다면 들을게요." 여전사는 자신의 공격성을 느낀다. 그 느낌으로 지레 경계선을 긋고 보호막을 치려는 것이 아니다. 싸움에 움츠러들지 않고 상대에게 다가가 친절하게 대한다. 그리고 아주 분명하게 말한다. "저를 그렇게 대하지 않았으면 합니다!" "내 가치를 그렇게 깎아내릴 수 없습니다!" 자기 보호는 여자에게 강함과 힘을 부여한다.

여자들은 조화와 평화를 원한다고 하면서 여전사를 억압한다. 여자들은 여전사의 공격성이 파괴적으로 작용할까 봐, 남들의 사랑을 잃을까 봐 두려워한다. 그러나 타인에 대한 부정은 자기에 대한 긍정을 의미하기도 한다. 이 긍정은 내가 내 안의 무엇을 존중하고 보호해야 하는지, 타인에게 무엇을 요구하는지 비추어 준다.

유딧 이야기를 처음 들었을 때 유딧이 홀로페르네스의 목덜미를 내리치는 장면에서 불쾌함을 느꼈다. 왜 그럴까 생각해 보니 적개심이 생기는 곳은 바로 머리가 아닌가. 머리는 권력의 중심을 뜻한다. 머리가 가슴과 배와 연결되지 않으면 인간은 경직된다. 약자에 대한 연민은 없다. 느낄 줄 모르는 사람은 다른 사람이 어떻게 느끼는지 짐작도 못한다. 타인을 희생시켜 자기 생존권을 확보하려는 위험에 빠진다. 그런 사람은 스스로 강하다고 느끼기 위해 다른 사람을 약하게 만들어야 한다.

상처 주는 말 때문에 입을 다물어야 할 때 자신의 약함을 경험하는 여자가 많다. 여자는 상대의 적개심을 느낀다. 대놓고 싸우게 만드는 공격이 문제가 아니다. 외모나 삶의 방식에 대해 뒤에서 수군댄다. 그런 공격에 약해져서 무력감을 느끼거나 고통을 당하기만 한다. 여자 안에 있는 여전사는 거기에 자존감을 가지고 맞설 수 있는 힘이다. "왜 제게 그런 말을 하시는 거죠? 진짜 문제가 뭐죠?" 이렇게 물을 수 있다. 분명하게 짚으려고 하면 충돌이 일어나기 마련이다. 그때 물러서지 말고 관계의 차원에서 문제를 제기해야 한다. 그러면 대화로 이어지고 해결책을 찾는 데 도움이 된다. 적개심을 누그러뜨리고 대화로 이끌 수 있다. 그러나 어떤 상황에서는 피하는 것이 좋다. 상대의 감정적인 문제라면 해결할 수도 그럴 필요도 없다. 다만 문제의 본질을 알면 자기를 보호할 수 있다.

직업이나 사회 생활에서 자신을 여전사로 느끼는 여자가 많다. 인정받기 위해, 권력을 얻기 위해, 성공하기 위해 싸운다. 보다 정의로운 세상, 보다 건강한 삶을 위해 싸운다. 능력을 펼치기를 원하며 공적 생활을 함께 형성해 간다. 여자들은 이 가능성을 오랫동안 실현할 수 없었다. 이제 새롭게 쟁취하고 있다. 이 투쟁적 측면이 한 여자를 지배하게 되면 일이나 과제에 매이게 되고, 여성 존재의 다른 측면들은 살아 내지 못하게 될 위험에 처하게 된다. 감성, 감각, 쾌락의 측면은 축소되어 균형을 잃을 수 있다. 여전사는 여자에게 중요한 측면이다. 그러나 여전사와 자신을 동일시하거나 그 안에 동화되어서는 안 된다. 잘못하면 사방을 적으로 만들고 자기 여성 존재의 다른 측면은 접하지 못하게 된다.

주말 세미나에 참가한 여자들이 여전사에 대해 이렇게 썼다. "나는 정말 열심히 살았고 너무 힘들었다. 이제 더 이상 그러고 싶지 않다." "일생 동안 온 힘을 다해 살았다. 오랫동안 신경을 너무 곤두세웠다." "절제와 목표가 있는 여전사가 되고 싶다. 최선의 힘을 관철 능력과 혼동해서는 안 된다." "내가 여전사가 되고 싶다는 충동을 느꼈을 때 투쟁은 중요하다. 오래 끄는 싸움은 피곤하다. 내게 투쟁의 반대는 포기하지 않는 인내다." "삶은 수많은 투쟁과 생존 경쟁의 반복이다. 나는 피곤하다." "진리를 위해 최선을 다해 싸우는 것은 오래도록 가치가 있다." "투쟁은 내게 힘들게 여겨진다. 힘이 많이 든다."

🅰 문제는 여자들이 자기 투쟁을 어떻게 이해하는가이다. 이들은 끊임없이 사람들과 맞서 왔을 것이다. 자신들을 진지하게 받아들이지 않는 남자와 외부에서 밀려오는 어려움에 맞섰을 것이다. 투쟁할 때 발을 딛고 설 수 있는 든든한 지반이 없다는 느낌을 받는 사람이 많다. 사방을 향해 싸워서 그렇다. 그런 싸움에서는 힘이 다 빠진다. 참된 투쟁은 그 자체가 힘의 원천이 된다. 내가 투쟁을 즐길 때 그 투쟁과 함께 내 힘도 커진다. 그렇다면 이 투쟁을 어떻게 보아야 하는가?

참된 투쟁을 위해서는 확고한 기반이 있어야 한다. 내가 나를 의식할 때, 내 견해가 확실할 때 투쟁할 수 있다. 또한 내가 누군가에 또는 모두에 맞서 싸운다는 것은 중요하지 않다. 함께 싸운다는 것이 중요하다. 다른 이들과 함께 싸울 때 내 능력이 자란다. 자기 안의 어떤 가치를 느낀다. 나는 도전을 받아들인다.

여자들은 유딧을 보며 어떻게 자기 힘을 다 소진하지 않고 훌륭한 방법으로 싸우는지 배울 수 있다. 유딧은 힘으로 싸우지 않았다. 아름다움으로 싸웠다. 유딧은 하느님이 아름다움을 주신 것을 알았고 그 은총을 싸움에 이용했다. 남자와 견줄 필요가 없었다. 자기에게 남자보다 큰 힘이 있다는 것을 증명할 필요가 없었다. 그랬다면 졌을 것이다. 유딧은 자기 가능성으로 싸웠다. 자기 존엄을 알기 때문에 싸웠다. 유딧에게는 든든한 입지가 있다. 자기가 누구인지 알고 있었다. 유딧은 홀로페르네스에게 끌려가지 않았다. 어디에서 밤을 지낼지, 무엇을 먹을지 결정한 사람은 유딧이었다. 자기 가능성을 나타낼 때를 기다렸다. 끊임없이 싸워야 한다는 압박을 받을 때는 싸울 이유가 분명하지 않아서 그런 것이다. 그냥 사방을 향해 싸운 것이다. 그런 싸움에서는 힘만 빠진다.

"무엇을 위해 싸우는가?"라는 질문에 세미나에 참석한 여자들은 이렇게 대답한다. "내 욕구를 채우려고, 인정받으려고 싸운다. 가정에서, 직장에서 인정받기 위해 싸운다." 이러한 싸움은 피곤하다. 타인이 자신의 가치를 인정할 때까지 기다려야 한다. 그들은 불평하고 체념하며 남 탓만 한다. 자기가 진정 원하는 것이 무엇인지는 알지 못한다. 그들의 투쟁은 드러나지 않는다. 그들은 자기 것으로 살지 못하고 다른 사람이 주거나 또는 주지 않는 것에 의해 살아간다.

불평은 힘을 잃게 한다. 어떠한 변화도 일으키지 못한다. 자기에게 중요한 것을 분명히 말할 수 있는 공격성이 여자에게 필요하다. 여자가 자기 욕구를 중요하게 여기고, 자기를 충분히 느끼기 위해 무엇이 필요한지 분명하게 말할 때 자기를 존중할 수 있다. 그 안에서 생동하는 것과 함께 자기를 존중한다. 그러면 힘을 얻는다. 이 힘이 바로 무엇인가 성취하기 위해 필요한 기반이 된다. 자기를 존중할 때 이제껏 알지 못한 내적 힘이 흘러들어 온다. 그 힘으로 모두가 살 수 있는 해결책을 찾기 위해 투쟁할 수 있다.

희생자 태도는 여전사의 부정적 측면이다. 자기 공격성을 드러내 놓고 살지 못한다. 자기를 방어할 용기도 없고, 희생자 역할을 견디며 다른 사람 탓을 한다. 희생자 역할에 머무르는 여자들은 사람들이 자기를 착취하게 내버려 두고, 공격성을 자신에게 향하게 한다.

🅐 살면서 계속 싸웠고 이젠 지쳤다고 느끼는 여자들이 있다. 그들은 올바로 싸우는 법을 배워야 한다. 유딧은 자기 자신과 민족을 위해 지치지 않고 싸웠다.

여전사의 위험은 무조건 싸움을 건다는 데 있다. 신화에서는 여전사의 그림자를 아마존 여자로 묘사한다. 그리스 서사시에서 아마존 여자는 여전사의 민족으로 나온다. 용맹으로 명성이 자자했다. 아마존 여자들이 그리스 영웅들에게 도전했다. 펜테질레아는 트로이에서 아힐과 싸워 치명상을 입는다. 그러나 아힐은 이 죽어 가는 아마존 여자를 사랑한다. 오늘날 여전사 원형과 자기를 동일시하는 여자를 아마존 여자라 부른다. 그들은 내면이 굳어 있고 자기 감정을 차단한다. 여자가 갑옷을 두르거나, 스스로에게 쉴 새 없이 화살을 쏘아 대는 이유는 바로 자신의 깊은 상처 때문이다. 상처를 다시 입지 않으려고 자신을 보호한다. 그러나 여자가 이 원형과 자기를 동일시하면 여성적인 측면은 무시되어 일방적이 된다. 그런 여자는 자신에게 상처를 주고 주위 사람들도 부정적으로 대한다.

한 남자는 교회 기관의 책임자로서 동료들과 잘 지냈다고 한다. 여자들과도 언제나 사이가 좋았다. 그런데 한 여자 동료가 삶을 지옥으로 만들어 버렸다. 갈등을 풀어 보려고 노력했지만 소용이 없었다. 잠도 못 잤다. 그녀와 대화를 이끌어 갈 수 없다는 무능함에 괴로웠다. 자기에 대해 회의하기 시작했다. 분명 그는 아마존 여자와 부딪친 것이다. 그녀는 이혼했고 그때부터 남편에게 받은 상처를 모든 남자에게 투사했다. 남자에 대한 증오심을 키웠던 것이다.

아마존 여자와 일하는 것은 쉽지 않다. 여자가 갑옷을 벗고 자신의 상처를 말할 수 있으려면 완전한 신뢰가 필요하다. 아마존 여자는 자기의 아니무스를 통합하지 못하고 그것에 점령당했다. 여전사와 자기를 동일시하고 자신의 여성적 측면을 몰아내 버렸다. 그녀는 여성성이 싸움에 방해가 될까 봐 두려워 자기를 냉정하게 만들었다.

L자신의 상처받기 쉬운 부분을 어떻게 보호해야 할까? 우리 안의 여자는 이를 잘 알지 못한다. 우리는 여전사의 상을 알고 있다. 여자들은 후퇴하든지 아니면 다른 사람이 다가오면 찔리도록 자기 몸에 가시를 박는다. 전자의 경우에는 자기 힘을 잃어버리고, 후자의 경우에는 목표로 이끌어 주지 못하는 싸움을 하느라 힘을 허비한다. 싸운다는 것은 해결책을 찾는 것이다. 그렇지 않은 싸움은 무의미하다. 다른 사람들도 그 무의미한 싸움에 말려들고 싶어 하지 않는다. 그렇기 때문에 그 싸움으로 여자 혼자 남게 될 수 있다.

누구에게나 살면서 겪은 상처가 아물지 못해 조그만 자극에도 아픈 약한 부분이 있다. 이 약함을 인정하기 위해서는 용기와 자제가 필요하다. 이 약한 부분을 내 존재의 일부로 존중하면 자신을 보호할 수 있다. 다른 사람이 나의 소중한 부분을 존중해 주지 않으면 그들에게 분명히 맞서 자신을 보호해야 한다.

A여전사의 원형은 이러한 투쟁적 측면의 그림자에서 여자를 해방시켜 줄 수 있다. 여전사는 여자의 힘을 정제하고 그 힘을 다른 사람에게 축복이 되는 곳에 사용한다.

Anselm_ 너는 여전사의 원형을 어디에서 경험하지? 여전사가 삶을 살아 내는 데 어떤 도움을 주지?

Linda_ 젊었을 때는 내 안에 있는 여전사를 더욱 강하게 발전시켜야 한다고 느꼈어요. 가족을 위해 애쓸 때 나를 강한 여전사라고 생각했지요. 그런데 누군가 나를 인신공격하고 비하할 때 아무런 방어 수단이 없다는 걸 깨달았어요. 조금 시간이 지나서야 화가 나는 걸 느꼈지요. 그렇지만 그 상황에서는 내가 저항해야 한다는 정당함이 떠오르지 않았어요. 그때는 다른 사람이 정한 규칙을 스스로에게 강요했으니까요. 그러나 점점 내 안에 있는 여전사에게 더 많은 힘을 실어 주기 시작했어요. 상처 입은 곳에서, 내가 가치 있게 여기는 것을 스스로 존중하는 곳에서 내가 딛고 설 입지를 발견했어요. 나를 보호할 발판을 찾았지요. 다른 사람들이 내 가치를 존중하지 않으면 맞설 수 있게 되었어요. 내 안에 있는 전사를 살아 있게 하려면 끊임없이 연습해야 할 것 같아요.

| 여왕

🅐 여왕의 원형에 여자들의 눈은 번쩍 뜨인다. 여자들은 여왕을 자기 안에 들이고 싶어 한다. 여자를 왜소하게 만드는 역할로 몰아대는 남자들 때문에 여자들은 괴롭다. 여자는 자기 안에 여왕이 있음을 느낀다. 그러나 여왕은 여자 안에 감춰져 있다. 여자는 자기 내면에 여왕의 자리를 내어 줄 용기가 없다. 사회가 여자에게 부여한 역할, 즉 가정주부, 어머니, 친절한 판매원, 조력자, 연인의 역할에 매달린다. 여자는 뒤로 물러나 있으려 하고 자기 진가를 드러내지 못한다. 여왕은 여자에게 자립, 가치, 자

유를 준다. 여왕은 지배받지 않는다. 여왕은 당당히 걸으며 자기를 드러낸다. 자신에게 친절하다. 자기와 조화를 이룬다. 여왕은 자기가 다스리는 나라의 질서를 잡으며 그 나라를 이루어 간다.

에스테르는 여왕의 원형에 들어맞다. 에스테르는 어릴 적 예루살렘에서 페르시아의 크세르크세스 왕국에 끌려온 유다인이다. 그녀의 부모는 죽고 삼촌 모르도카이가 에스테르를 딸로 삼아 돌봐 주었다. 그녀를 왕궁으로 데려온 사람도 삼촌이다. "그 처녀는 모습이 아름답고 용모가 어여뻤다"(에스 2,7). 왕비를 뽑는다는 어명에 에스테르도 다른 처녀들과 함께 왕궁으로 들어갔다. 처녀들은 열두 달 동안 몰약, 향유, 화장품으로 몸을 단장했다. 이 기간이 끝나면 밤마다 한 명씩 왕궁으로 보내졌다. 왕이 마음에 들어 하면 그 여자를 다시 불렀다. 에스테르는 삼촌의 충고에 따라 유다인임을 감췄다. 자기를 위해 싸운 것이다. 에스테르는 왕비가 되고 싶었다. 에스테르는 왕의 총애를 받았다. 왕은 그녀에게 왕관을 씌우고 왕비로 삼았다. 왕은 '에스테르의 잔치'를 벌이고, 모든 주㈜에 풍성한 선물을 내렸다.

재상 하만은 이것이 마음에 들지 않았다. 하만은 왕 다음으로 높은 자리에 있었다. 그는 왕의 모든 시종이 자기 앞에 무릎 꿇고 절하게 했다. 모르도카이는 끝내 그 명령을 듣지 않았다. 왕의 시종들은 그가 유다인이기 때문에 절하지 않는다고 보고했다. 그러자 하만은 왕국 전역에 있는 유다인을 몰살시킬 음모를 꾸민다. 왕에게 유다인을 전멸시키라는 조서를 내리도록 청했다. 에스테르는 경악하여 화려한 의복을 벗고 고뇌와 슬픔의 의복을 입고 기도했다. "당신 손으로 저희를 구하시고 주님, 당신 밖에 없는 외로운 저를 도우소서"(에스 4,17). 왕이 부르지도 않았는데 그녀는 그 앞으로 나아갔다. 에스테르는 법을 어겼다. 폐위될 수 있는 위험을 감수했다. 왕은 에스테르의 말을 들어준다. 에스테르는 왕과 하만을 연회에 초대한다. 왕은 에스테르에게 소원이 무엇인지 묻는다. 에스테르는 다시 연회를 열 테니 하만과 와 달라고 청한다. 다음 날 그 둘이 연회에 오자 왕에게 자기 민족을 살려 달라고 청한다. "사실 저와 제 민족은 파멸되고 죽임을 당하고 절멸되도록 이미 팔려 나간 몸들입니다"(에스 7,4). 왕이 누가 그런 일을 하려고 했는지 묻자 에스테르는 하만을 가리킨다. 왕은 하만이 모르도카이를 매달려고 세운 말뚝에 그를 매달게 한다. 그렇게 왕비 에스테르가 민족을 전멸의 위기에서 구해 낸다.

    에스테르의 모습은 예로부터 시인들에게 영감을 불어넣었다. 막스 브로트와 프리츠 호흐뵐더는 민족을 위해 생명의 위험도 무릅쓰는 여자 에스테르를 보았다. 그들은 이 옛이야기를 우리 시대의 유다인 박해로 재해석했다. 유다계 시인 엘제 라스커쉴

러는 먼저 에스테르의 용기와 추진력을 노래한다. 그녀의 아름다움에 대해서도 노래한다. 민족을 원수의 손에서 지키기 위해 그 아름다움으로 불가능해 보이는 임무를 성취했다. 에스테르는 오직 하느님에 대한 신뢰로 힘과 여왕의 위엄을 얻었다. 죽음의 두려움에 사로잡혔을 때 기도했다. "저의 주님, 저희의 임금님, 당신은 유일한 분이십니다. 외로운 저를 도와주소서. 당신 말고는 도와줄 이가 없는데 이 몸은 위험에 닥쳐 있습니다"(에스 4,17). 하느님에 대한 신뢰로 아버지도 어머니도 없는 소녀 에스테르가 위엄을 발한다. 민족을 구원할 용기를 지닌 여왕이 되었다.

에스테르는 여왕의 원형을 구현한다. 여왕은 자신을 다스리며 누구의 지배도 받지 않는다. 자신이 원하는 대로 자기 삶을 결정한다. 다른 누구와도 비교하지 않으며 홀로 선다. 그녀는 그녀 왕국의 여왕이다.

▌세미나에 참가한 여자들은 여왕의 상에 다양한 반응을 보인다. 그들 중 대다수가 처음에는 이 상에 매력을 느끼지 않는다. 여왕은 피곤하고 자유롭지 못하다고 생각한다. 그러나 어떤 이들은 매력을 느끼며 여왕처럼 느끼고 싶다고 말한다. 여자들은 여왕의 상에 빠져들수록 그 여왕에게 자기 내면의 자리를 더 내주고 싶어 한다.

여자 안에 있는 여왕은 참된 위대함을 향한 동경을 실현한다. 여왕은 우리를 위엄과 자기 존중으로 이끈다. 또한 삶을 책임지게 한다. 여왕은 자신의 존엄을 안다. 그 존엄은 다른 사람이 줄 수 있는 것이 아니다. 여왕은 자신의 가치를 의식하며 자기 가치가 다른 누구에게서 오는 것이 아니라 자기 존중에서 나온다는 것을 안다. 여왕은 자기를 존중하며 타인의 가치를 존중한다. 여왕은 자신과 자신에게 있는 능력, 자기가 내린 결정, 자기가 행한 일에 책임진다. 자기를 책임지는 것이다.

여자가 자기 내면의 여왕을 인식하면 힘과 평정심을 얻는다. 누군가 나를 비하하고 웃음거리로 만든다고 내 안에 있는 여왕에게까지 상처 주지 못한다. 그런 것으로 내면의 가치를 잃어버리지 않는다. 자신의 내적 가치가 침범될 수 없음을 알기 때문이다. 다른 사람이 주는 상처를 받아들이지 않는다. 그 상처를 인식하기는 하지만 그것이 자기 안으로 들어오지 못하게 한다. 여왕은 자기 내면의 왕을 잃어버린 사람, 다른 사람에게서 그것을 빼앗는 사람, 시샘하는 사람을 안다. 여왕은 누구에게 문제가 있는지 분별하고 어떻게 반응할지 결정한다. 여왕은 스스로 결정하며, 다른 사람의 문제 때문에 흔들리지 않는다.

여자는 이 앎을 내면화해서 자신의 근본 가치가 누구에 의해서도 훼손되지 않기를 원한다. 그 앎을 내면화하면 무시당하거나 멸시받을 때 전혀 다른 곳에서 긍정적 힘을 얻을 수 있다. 여자들은 일상에서 이러한 앎으로 살아갈 것을 자주 요구받는다. 누군가에게 상처받고 하루 종일 마음이 무거울 때 얼마나 자주 이런 경험을 하는가. 지하실 바닥에 떨어진 기분으로 무력감과 분노를 느끼고, 온몸에서 기운이 쑥 빠진 것 같다. 자신의 왕국을 자기가 다스리지 못하고 다른 사람이 자기를 지배하는 것을 경험한다. 그럴 때일수록 의식적으로 자기를 존중해야 한다. 자신에 대해 결정하는 내면의 여왕을 찾을 때 다시 힘을 얻는다. 내 세미나에 참가한 여자들은 갈등 상황에 있을 때 의식적으로 여왕의 태도를 취한다고 했다. 이들은 자기 존중과 존엄을 느끼려고 이러한 태도를 취한다. 그러기 위해 혼자 있는 시간을 갖는다. 혼자 있는 시간에 그들 안에 있는 어떤 것을 바꾸어 놓는다. 그들은 자신의 내적 존엄과 결합한다. 다시 당당히 일어나 새로운 평정을 느낀다. 여자에게 당당히 선다는 것은 다른 해결책을 볼 수 있는 시야를 얻었음을 뜻한다.

여자는 내면의 여왕이 자신에 대한 책임으로 이끈다는 것을 느낀다. 약해질 것인지, 동의하지 않고 맞설 것인지 여왕이 결정한다. 여왕은 부정적 영향에 대해 자기 경계를 분명하게 지킨다. 자기를 강하게 하는 것을 받아들이고 약하게 하는 것을 거부한다. 그녀는 자기 나라의 여왕이다. 이는 적대적 분위기에서 자신을 좀 더 깊이 인식하라는 도전이기도 하다. 여왕은 자신에게서 어떤 힘이 나오는지 자문한다. 여왕은 자신의 숨어 있는 욕구와 불안을 드러내고 관계를 투명하게 함으로써 평화를 이룩한다.

여자들은 일상에서 자기 안의 여왕을 보는 것이 어렵다고 한다. 한 여자가 상담 중에 깜짝 놀라면서 내게 물었다. "욕조를 닦고 있을 때 어떻게 나를 여왕으로 느낄 수 있겠어요?" 그러나 "내가 왜 이 일을 하는가?"라고 자문해 볼 수 있다. 현모양처가 되려고, 다른 사람의 기대를 충족시켜 주려고 하는가? 아니면 이 순간 무엇이 올바른지 아는 것인가? 내가 의식하고 원해서 욕조를 닦는 것이라면 나는 스스로를 여왕처럼 느낄 수 있다.

통상적인 미의 이상에 맞지 않는다고 내 몸을 괄시한다면 자기를 여왕으로 느낄 수 있을까? 이 점에서 여자들은 자주 자신이 여왕과 거리가 멀다고 느낀다. 다른 사람들이 규정해 놓은 것을 받아들여서 그 코르셋 안에 자신을 구겨 넣는다. 우리는 그 코르셋이 나에게 맞는지 아닌지조차도 남의 눈치를 살핀다.

우리가 남의 몸을 헐뜯으면 그에게 큰 상처가 된다. 우리는 몸으로 자신의 가장 내밀한 감정과 느낌, 삶의 역사를 표현한다. 바로 내 몸에 새겨진 역사를 통해 자기 내면으로 가는 입구를 발견할 수 있다. 이것이 각 개인의 고유함을 존중해야 하는 이유다. 우리 안의 여왕은 그 누구의 권리와 고유함도 깎아내리지 않는다. 그렇게 헐뜯는 사람은 자신 안의 여왕을 잃어버린 것이다. 왜 우리가 자신의 고유함보다 남의 말에 더 주목해야 하는가?

우리 안의 여왕은 무엇보다 내면의 존엄과 자기 존중에서 아름다움의 빛이 발한다는 것을 안다. 그것이 여왕에게 우아함과 고상함을 부여한다. 이 아름다움은 사회가 정한 이상향에 의존하지 않는다. 미에 대한 사회의 잣대는 우리 안에 있는 폭군이 몰아세운 결과다. 여왕은 어떻게 자신의 아름다움을 표현할지 스스로 결정한다. 자기 몸을 싫어하고 어떤 기준에 짜 맞추려는 여자들은 있어야 할 것이 자기에게는 없다는 것을 이미 인정한 것이다. 그것이 불안하게 하고, 다른 여자들과 비교하게 하며, 열등감을 부추긴다. 나의 고유함이 무엇인지 느끼지 못한다.

우리는 몸으로 자신의 가장 깊은 갈망과 가장 내밀한 필요를 표현한다. 자신을 느끼고 영혼에 어떤 양분이 필요한지 찾아낼 때 자신을 존중하게 된다.

'함께하는 여성의 밤'에서 만난 아프리카 여자들이 말하길, 그들의 미인상은 서구인의 미인상과는 정반대라고 한다. 우리가 아프리카에 간다면 "먹을 게 부족한가요?"라는 질문을 받을 것이라고 했다. 우리가 더 나은 조건에서 삶을 영위하고 있는지는 몰라도 우리가 잘 느끼지 못하는 삶의 기쁨을 그 여자들이 더 많이 향유하고 있는 듯하다.

여왕은 자기 안에 귀족적인 것을 지니며 동시에 단순하게 산다. 그것이 여왕을 인간적으로 만든다. 여왕은 자기를 남보다 높이지 않고 모든 인간적인 것을 존중하면서 왕처럼 행동한다.

A 여왕은 자신의 왕다운 존엄을 안다. 다른 사람들에게도 이 존엄을 전해 준다. 또한 에스테르가 그러했듯 자신이 평범한 집안 출신임을 잊지 않는다. 자신을 귀족이라 여기지 않고 평범하고 수수한 것을 수용한다. 더 이상 어찌할 바를 모를 때 에스테르처럼 슬픔의 옷을 입는다. 무력함을 경험하고 혼자라고 느낄 때 하느님에게 향한다.

여왕은 가정의 보호자다. 자기 나라를 보호하고 지킨다. 그 나라는 현실의 집뿐만 아니라 자기 내면의 집이기도 하다. 여왕은 내면의 집을 차지하려는 시기, 질투, 불안 같은 것들에 의해 쫓겨나지 않는다. 여왕은 내면의 집을 자신으로 가득 채운다. 그 집에 하느님이 거하신다는 것을 안다. 자기 집을 스스로 지어 가며 그 안에 산다. 자기 자신을 위한다. 그렇게 여자는 외적인 집도 지을 수 있다. 가족, 회사, 교회, 국가를 그렇게 형성해 간다.

여자가 자신의 여왕 같은 존엄을 알게 되면 가사 노동을 할 때도 여왕처럼 느낄 수 있다. 남자는 직장에서 경력을 쌓아 가며 빛을 내는데 자신은 허드렛일이나 한다고 불평할 필요가 없다.

여왕으로서 요리나 살림에 새로운 가치를 부여할 수 있다. 그것이 모두 여왕의 임무에 속한다. 무엇을 하는가는 상관없다. 어떤 일을 하든 자신의 여왕다운 존엄을 알아야 한다. 그녀에게서는 여왕의 광채가 나온다. 어떤 집에 초대받아 가 보면, 이 집은 여왕이 다스리고 있구나 하고 느낄 때가 있다. 잘 정돈되어 있고, 뽐내지 않지만 모든 것이 위엄과 아름다움을 드러낸다. 사람들은 왕에게 대접받는다고 느낀다.

  텔레비전에서 왕자의 결혼식을 보고 열 살짜리 딸이 울더라고 한 친구가 이야기한 적이 있다. 그 아이도 왕세자비가 되고 싶었던 것이다. 왕세자비는 내면의 아름다움과 위엄의 상징이다. 왕세자비상은 모든 여자에게 말을 건넨다. 한 여자가 말하길 어떤 사람이 자신에게 "당신 삶에서 바로 당신이 왕세자비입니다"라고 말했단다. 그녀가 자기 삶을 스스로 살아가며 이루어가고 있다는 말이다. 그 안에 왕세자비의 아름다움이 빛난다는 뜻이다. 아직 어린 왕세자비는 스스로 서서, 다른 사람에게 의존하지 않는 왕비로 성장해야 한다. 먼 나라 왕자와 결혼하는 행운을 기대하자는 것이 아니다. 자기 자신과 조화를 이루며 행복하게 사는 걸 말한다.

  옆에 있으면 힘이 다 빠지는 것 같은 여자가 있다. 그런 타입의 여자와 한 시간쯤 이야기하면 지친다. 사람을 밑바닥으로 끌어내리는 것 같다. 헤어지고 나면 불쾌하고 무기력하고 진이 다 빠진다. 다른 여자에게서 힘을 빼앗아 가는 여자는 여왕이 아니다. 그런 여자에게는 경계가 없다. 뒤죽박죽이다. 다른 사람의 모든 것을 엉망으로 만든다. 자신을 비하하며 모든 것을 부정적으로 보도록 몰아댄다. 문제는 그런 여자가 다른 이들에게서 힘을 빼앗는 것만이 아니다. 여자들이 그런 여자 옆에서 자기 에너지를 잃어버린다는 데 있다. 그런 여자는 타인의 불안, 불만, 분열, 약함을 자꾸 들춘다. 그런 부정적인 영향에서 자기를 지키기 위해 내면의 여왕이 필요하다.

여왕은 나라를 다스릴 뿐 아니라 경계를 지킨다. 적들이 나라를 침입하도록 내버려 두지 않는다. 여왕의 본질적 임무는 경계를 잘 정하는 것이다. 여자에게 쉬운 일은 아니다. 주위 사람이 떠나 버릴지 모른다고 불안해하기도 한다. 경계를 정할 때 홀로 있다고 느낀다. 이제 아무도 자기 문을 두드리지 않을 수도 있다. 그러나 자기 안에 여왕이 있는 여자는 경계를 정하고, 자신의 나라를 향유한다. 여왕은 손님을 기쁘게 맞는다. 그 손님에 의존하지는 않는다.

내가 경계를 정한다고 다른 사람을 잃는 건 아니다. 경계를 정함으로써 관계를 만들어 낸다. 경계가 없는 사람은 불분명하다. 그에게는 선이 없다. 모든 것을 자기 안에 끌어들이지만 자신이 누구인지 느끼지 못한다. 자신을 의지하며 분명하게 경계를 정하는 여자가 관계를 만들어 간다. 힘이 다 소진될지도 모른다고 불안해하지 않아도 된다. 여왕은 내 나라를 침범하지 않는다. 나를 있는 그대로 존재하게 한다. 여왕은 나의 존엄을 존중한다.

경계를 정하는 것이 왜 힘들까? 불안해서다. 홀로 남을지 모른다는 불안, 다른 사람에게 상처를 주고 더 이상 사랑받지 못하리라는 두려움 때문이다. 어머니와 잘 지내지 못하는 여자가 있다. 어머니의 지나친 기대 때문에 종종 어머니에게 공격적으로 반응한다는 것이다. 나는 어머니의 그런 기대는 당연하다고 말해 주었다. 그러나 그 기대를 얼마나 채우기를 원하며, 또 할 수 있을지는 자신이 결정해야 한다.

이 여자의 공격성은 어머니를 향한 것이 아니다. 자신을 향한 것이다. 그녀는 어머니의 기대에 경계를 정할 만큼 자신을 신뢰하지 못했다. 어머니에게 사랑받고 싶었다. 어머니가 원하는 것을 다 잘하고 싶었다. 그러나 잘되지 않았고 버거운 요구를 받는다고 느꼈다. 스스로 경계를 정할 만큼 내면적으로 자유롭지 못한 탓에 어머니에게 공격적으로 반응했다. 그러자 지나치게 기대한 어머니 때문에 이런 지경에 이르렀다고 결론을 내렸다.

여왕의 반응은 다르다. 어머니의 기대를 받아들인다. 먼저 스스로에게 얼마만큼 그 기대를 채우기를 원하는지 묻는다. 그러고 나서 어머니에게 무엇이 자기에게 알맞다고 생각하는지 말한다. 죄책감으로 자기 경계가 무너질 정도로 마음을 빼앗겨서는 안 된다. 죄책감은 교묘하게 권력을 행사하는 한 방법이다. 어머니가 딸에게 죄책감을 불러일으키면서 경계를 넘어 딸의 마음을 휘어잡는다. 그 모든 것이 옳은지 확실하지도 않은데 말이다. 여왕으로 자신을 다스리는 사람은 그러한 죄책감의 전가를 알아차리고 자신 안에 들어오지 못하도록 한다.

어머니들은 종종 장성한 딸에게 자기가 원한 대로 삶이 흘러가지 않았다고 말한다. 딸은 어머니에게 당신은 잘 살아왔음을 일깨워 주어야 한다. 어머니가 삶을 받아들이지 않으며 자신의 삶에 대해 책임을 지지 않으려 할 수도 있다. 이때 딸들은 어머니 안의 여왕을 끌어내 자기 삶에 대한 책임을 스스로 지게 해야 한다. 힘든 일이 많았고 지금도 그렇다는 것을 딸은 공감하고 이해한다. 어떻게 하면 좀 더 나아질 수 있는지, 딸은 어머니가 스스로에게 묻도록 도울 수 있다. 여왕은 자기를 책임지며 또한 다른 사람도 자신을 책임지도록 이끈다.

내 세미나에 참가한 여자들은 자기 안에서 여왕을 찾아냈을 때 기뻐했다. 여왕을 발견하고 자신의 아름다움과 존엄을 기뻐하는 것은 좋은 일이다. 그러고 나면 분위기가 바뀐다. 그들은 당당하게 서서 자신의 강함을 발견한다. 한 여자가 다른 사람의 손을 잡고 이끈다. 한 여자가 여왕이라면 다른 여자를 무시하지 않는다. 오히려 그들의 존엄과 강함에 기뻐한다. 그녀 또한 여왕이기 때문이다. 세미나에서 여자들에게 '여왕' 하면 떠오르는 것을 적어 보라고 했다. "나의 존엄을 느끼자. 누구도 내게 상처 줄 수 없다. 길을 정하는 것은 나다. 나는 모든 사물 위에 있다. 나는 유일하다. 가치 있다." "여왕이 내 안에 있다. 그러나 너무 멀리 있다. 여왕이 내 안에서 완전한 조화를 이루었으면 좋겠다. 사람들의 평가에서 자유롭고, 여왕과 함께 당당하게 내 삶을 대하고 싶다." "내가 누구인지 끊임없이 증명할 필요가 없다." "다른 사람의 인정이 필요 없는 나만의 명예가 있다." "아름다워지고 스스로 아름답다고 느껴라." "내적 위대함. 자신을 의지하고 두려워하지 마라. 매력적이 되라." "강하다고 느끼고 중심에 서라." "빛을 발하는 것."

🅐 여왕은 아름다움의 원형이기도 하다. 여왕은 아름답고 매력적인 여자다. 여왕은 자신의 아름다움을 즐긴다. 아름다움을 알며 비춘다. 여왕은 아름다움을 감출 필요가 없다. 드러내 보여 준다. 다른 사람의 부러움을 받으려고 아름답게 가꾸는 것이 아니다. 그 아름다움에서 모두를 이롭게 하는 광채가 나오기 때문에

자신의 아름다움에 기뻐한다. 여왕은 자신의 아름다움을 퍼뜨리며 그것을 통해 다른 사람의 삶을 더 아름답게 한다. 여왕의 아름다움은 이 사회가 우리를 속이려고 만든 이상형과는 다르다. 참된 아름다움은 조화를 통해 이루어진다. 한 여자가 자신과 공명할 때 그 아름다움에서 빛이 난다.

여자들은 여왕의 상을 기뻐한다. 그러나 이 상이 실제로 무엇인지 모르겠다고 고백하는 여자도 많다. 세미나에서 한 여자가 여왕으로 존재하는 것이 목표는 아니라고 했다. 그녀는 더 이상 중심에 서기를 원하지 않았다. 여왕을 언제나 중심에 서는 여자로 이해하고 포기하려 한 것이다.

다른 여자들은 여왕을 중심에 서는 여자가 아니라 자기 중심에 서 있는 여자로 보았다. 그러므로 작위적으로 자기를 연기할 필요가 없다. 거기에 있기만 하면 된다. 여왕은 힘과 투명함을 비춘다. 그러면 여왕은 중심에 서게 된다. 그것을 누릴 수 있다. 중심에 서는 것이 긴장되지 않고 다른 사람을 그 중심에 모은다. 다른 사람에게 자기 중심을 전하는 것을 즐긴다. 여왕은 자기가 빛을 비추어야 한다고 생각할 필요가 없다. 그 빛은 그냥 빛난다. 권위를 세우려고 다툴 필요가 없다. 권위가 빛나고 있다. 여왕은 이를 알고 누릴 수 있다. 여왕의 광채가 퍼져 나감으로써 생의 기쁨과 환희를 퍼뜨린다.

ᴸ모든 원형에는 그림자가 있다. 여왕의 그림자는 폭군이다. 우울증에 빠진 여자는 자기 질병을 이유로 온 가족에게 폭력을 행사한다. 모든 것이 자신에 맞춰 조정되어야 한다. 여기에서 질병은 맞설 수 없는 무기로 사용된다. 아마존 여자들이 화살과 활로 싸운다면, 자기의 위엄을 발견하지 못한 여자들은 상처나 질병을 무기로 사용한다. 남편과 아이는 질병이라는 무기에 맞서는 것을 어려워한다. 질병은 다른 사람에게 양심의 가책을 느끼게 한다. 그런 양심의 가책을 가지고는 싸울 수 없다. 여왕은 고통을 겪으며 그것을 받아들인다. 고통을 통해 성장할 수 있는 용기를 언제나 새롭게 발견한다. 우리 안에 있는 여왕은 고통 가운데서도 그 내면의 위대함을 보여 준다.

ᴬ자신의 존엄을 모르는 여자에게 여왕의 그림자가 드러난다. 자신에게 만족하지 못하는 여자는 주변을 불만으로 지배한다. 잠언도 알고 있었다. "다투기 좋아하는 아내와 한집에 사는 것보다 옥상 한구석에서 사는 것이 낫다"(잠언 21,9). 남자들의 우스갯소리에 자주 등장하는 이 부정적 상을 뛰어넘기 위해서는 여자 안에 여왕이 있어야 한다. 내면의 여왕을 의식하는 여자는 자신의 존엄과 힘을 느끼며 비춘다. 이 원형의 또 다른 그림자는 모든 것을 결정하고 가족을 지배하는 여자다. 약한 남자가 여자

안에 있는 이 지배적인 측면을 불러낸다. 모든 것을 통제하고 지배하며 어떤 비판도 참지 못하는 여자가 있다. 모든 것이 자기 의지대로 움직여야 한다. 참된 여왕은 다른 사람을 지배하지 않고 다스린다. 다른 사람을 약하게 만들지 않으면서 강하다. 다른 사람을 구석으로 몰아넣지 않으면서 자신의 자리에 서 있다. 여왕은 다른 사람을 똑바로 세워 주며 자신의 왕다운 존엄을 만나게 해 준다.

Anselm_ 네 안에 있는 여왕을 어떻게 경험하지? 그 여왕이 너에게 어떤 일을 했지? 어떤 느낌을 불러일으켰지?

Linda_ 저는 몇 년 전에야 이 원형을 접했어요. 그러고는 내 안에 있는 여왕을 좀 더 강력하게 살아 내고 싶어졌어요. 남과 비교하거나 나의 가치를 확신하지 못할 때 내 안의 여왕을 잃어버린 것을 알았지요. 여왕의 원형은 저를 자기 존중과 존엄으로 이끌어 주었고, 나를 대하는 태도를 바꾸어 놓았어요. 내가 무엇을 결정해야 할 때 여왕의 태도로 이렇게 물어요. "무엇이 내게 가치 있는 건가?" 그러면 답이 보이더라고요. 내 안에 있는 여왕을 통해 내적인 힘을 다시 신뢰하게 되었어요. 새로운 일을 시도할 때 이런 신뢰가 필요하죠. 제가 여왕의 태도로 행동하고자 원한다는 건 분명하지만, 여왕의 힘으로 다시 서기까지는 시간이 오래 걸려요. 여왕의 원형은 제게 어떤 상황에서든 강하고 당당하게 설 수 있는 힘을 줘요. 이 원형은 나를 존중하도록 이끌었지요. 남들의 비하에도 똑바로 서게 했어요. '누가 나를 평가할 수 있어?'라고 생각하게 하죠. 남들의 평가가 나의 내면 가치를 바꾸지 못한다는 걸 이제 알아요. 내 안에 있는 여왕은 내면의 자유로 이끌어 주었고, 그것으로 저는 살아가요.

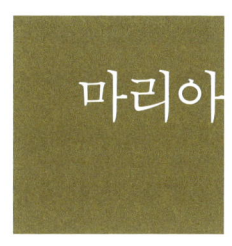

마리아

| 변화를 일으키는 여자

🅐 에리히 노이만은 융 심리학에 근거해서 변화를 일으키는 여자의 원형을 기술한다. 태곳적부터 여자는 출생과 죽음, 성장과 노화라는 변화 현상과 관계 있다. 어머니의 자궁에서 생명이 자라고 성장의 여러 단계를 거친다. 원시시대부터 어머니는 변화가 일어나는 그릇에 비유되곤 했다. 원시시대에 변화와 변신의 원형적 상들이 의미하는 것을 지금의 여자들도 비슷하게 경험한다. 여자들의 삶의 영역에서는 끊임없이 변화가 일어난다. 아이들은 여자 곁에서 변화한다. 그러므로 여자에게는 가정과 사회

의 변화에 대한 특별한 지각이 있다. 그들은 자신의 물음을 통해 변화를 일으킨다.

성경 속 여자 중에서 변화를 일으키는 여자의 원형은 마리아다. 마리아는 여자에게 여자로서의 정체성을 받아들이고, 자신이 여자임을 기뻐하도록 돕는다.

우리 어머니와 이모는 마리아를 전심으로 공경하셨다. 마리아에 대한 찬미는, 자신이 여자임을 기뻐하는 노래로 들렸다. 자신이 어머니이고 여왕임에 대한 기쁨의 표현이었다. 오늘날 여자들은 마리아를 어려워한다. 교회 남자들이 마리아를 특정한 여성상으로 왜곡한 탓도 있다. 그들은 마리아를 왜소한 표상으로 만들고, 그 표상을 모범이라 부르며 여자들에게 강요한다. 마리아가 자주 무성無性으로 묘사되는 것에 분노하는 여자가 많다.

그러나 예술사를 자세히 살펴보면 (특히 고딕 양식에서) 마리아를 아름다운 여인, 즉 마돈나로 그렸다는 것을 알게 된다. 여기에서 마리아는 에로스적 색채를 띤다.

마리아는 아이에게 안정감을 주는 평온한 어머니로 표현되기도 한다. 넓은 망토로 사람들을 보호하는 마돈나로 공경된다. 마리아를 왕홀과 왕관을 갖추고 달 위에 서 있는 여왕으로 표현하기도 한다. 머리 위 별들이 마리아를 비춘다. 그런 그림에서 마리아의 위엄과 우주와의 관계가 표현된다.

13세기에 죽은 아들을 품에 안은 어머니를 주제로 한 작품(피에타)이 나왔다. 이 작품은 고난을 겪는 수많은 사람에게 희망의 상이 되었다. 여기서 마리아는 고통을 피해 가지 않고, 짊어지며 변화시키는 어머니로 묘사된다. 이는 사람들에게 자신도 고통을 그렇게 대할 수 있게 해 주고 더 강해지게 했다. 그들은 고통 가운데 주저앉지 않고, 마리아처럼 고통을 겪어 냈다. 그렇게 자신의 고통과 슬픔을 변화시켰다.

피에타의 마리아상은 여자가 살면서 겪는 고통을 상징한다. 자식을 잃은 어머니, 사랑하는 사람을 떠나보내야 했던 여자, 건강을 잃거나 자기 사명을 포기해야 했던 여자, 사랑하는 것, 소중한 것을 단념해야 했던 여자, 삶의 의지가 된 것을 잃은 여자의 고통을 대신한다. 이러한 상실은 고통스럽다. 우리는 상실과 비애를 겪으며, 슬픔의 시간을 보낸다. 죽음과 소멸을 경험한다. 우리가 잃어버린 것 그리고 거기서 나오는 어둠을 경험한다. 이런 상실을 넘어서서, 고통을 이겨 내게 하는 것은 무엇인가? 슬픔을 겪고, 그 고통을 변화시킨 마리아에게서 여자들을 위한 어떤 힘이 나오는가?

마리아는 고통을 받아들였다. 그것은 기나긴 여정일지도 모른다. 마리아가 그랬듯 우리도 고통을 받아들이고 더 이상 고통에 몸부림치지 않는다면, 우리 안에 있는 어떤 것이 변화될 것이다. "이 고통을 견뎌 내기 위해 지금 내가 무엇을 배워야 하는가?" 하고 자문한다면, 우리는 더 발전할 준비가 된 것이다.

고통 속에서 우리는 고독하고 흔들리며 상처받는다. 그때 우리는 혼자며 누군가 필요하다는 사실을 받아들이는 법을 배운다. 마리아도 십자가 아래 홀로 있지 않았다. 옆에서 부축해 주는 사람이 있었으며 그 도움을 받아들였다. 고통 속에서는 신뢰하는 능력이 필요하다. 우리 안에 대처할 수 있는 능력이 있음을 신뢰해야 한다. 이 힘을 사용하기를 거부한다면, 희생양으로 남게 된다. 남 탓만 하면서 고통에 매이게 된다. 성숙하기를 거부하는 것이다.

자연에서는 죽음과 소멸이 다시 생성으로 이어진다. 이를 우리에게도 적용할 수 있다. 고통 속에 있을 때 이 고통도 지나갈 거라는 희망을 가져야 한다. 우리가 새롭게 될 것을 믿고 신뢰해야 한다. 희망하고 믿는다면, 고통을 몰아내는 것에서 그치지 않는다. 지금은 힘들지만 머지않아 고통을 깨뜨릴 수 있음을 안다. 나아가 선한 어떤 것으로 변화시킬 수 있음을 견지한다. 희망하고 믿으면 견뎌 낼 수 있다. 해결하도록 돕는 새로운 인식을 기대할 수 있다. 우리를 투명하게 하고, 고통의 새로운 의미에 눈이 열리도록 기도하거나 명상하고 침묵할 수 있다. 나중에 그 고통을 되돌아보면, 귀중한 것을 배웠으며 그 어둠을 통과해 살아냈고, 자신을 돌아보는 계기가 되었음을 깨달을 것이다. 그러고 나면 더 성숙해지고, 고통을 긍정적인 힘으로 변화시켰다는 것을 깨닫는다.

A 성경은 마리아에 대한 다양한 상을 보여 준다. 루카는 마리아를 믿는 여인으로 묘사한다. 마리아는 지금까지 가지고 있던 삶의 개념을 내려놓고 천사의 말을 따를 준비가 되어 있다. 마리아는 하느님 사업에 참여한다. 하느님에게 자기를 쓰도록 내어 놓는다. 순박한 나자렛 소녀가 하느님을 만나 자신의 참된 위대함을 깨닫는다. 자신을 주님의 종이라 부른다. 이는 자신을 작게 만드는 겸손한 칭호가 아니다. 그 반대다. 이스라엘은 자신들을 하느님의 종이라 했다. 그러나 이스라엘의 남자들은 기대에 어긋났다. 그들은 더욱더 하느님에게 자신을 닫아걸었다. 그때 마리아가 백성을 대표해 일어나 말한다. "말씀하신 대로 저에게 이루어지기를 바랍니다"(루카 1,38). 마리아는 자의식이 강한 여자였다. 마리아는 백성을 위해 말한다. 자신을 긍정함으로써 백성에게도 종의 신분을 증명하라고 요구한다. 마리아의 행동은 상황이 백성을 위해 변하도록 기여했다.

마리아는 분명 내면의 소리를 듣고, 자기 안에서 일어나는 것을 느낄 준비가 된 여자였다. 아무것도 일어나지 않는 공허한 시간에 우리도 이러한 준비를 한다. 그 시간에 우리는 내면의 중심을 향한다. 아무것도 우리 안으로 밀고 들어오지 않는다. 다른 소리가 들리지 않을 때, 그 깨달음이 우리 자신 안에 있음을 느낀다. 우리 안에서 무르익은 것을 듣고 찾으면서 우리는 존재한다. 이 내적 중심에서 우리 본질이 생성되는 핵심을 발견한다. 규범, 교육, 순응, 업적이 이 내적 핵심을 건드리지는 못한다. 거기에서 우리는 온전히 우리 자신이 된다.

마리아는 자신이 성장해야 할 방향을 분명히 인식하고자 했다. 그러기 위해 훼손되지 않은 내면을 찾는 시간을 가졌다. 마리아가 규범을 어기면서 동정녀로 임신하는 것을 받아들이기 위해서는 자신의 가장 깊은 내면과 조화를 이루어야 했다. 여류 작가 에스더 하딩은 "동정녀는 자기 자신과 하나 되는 것"이라고 했다. 마리아가 그렇게 한 것은 누구의 마음에 들기 위해서가 아니다. 사람들이 자기를 좋아하도록, 남들의 주목을 받거나 사랑을 얻기 위해서가 아니다. 자기가 행하는 것이 옳기 때문에, 그 일이 자신의 내면과 일치하기 때문에 한 것이다.

여기에서 동정녀를 자신의 지혜에 깊이 뿌리내린 여성적 정체성으로 이해할 수 있다. 이는 규범이 아니라, 자신의 느낌을 향한 내적 자유를 뜻한다. 자신의 느낌을 따르고, 자신에게 일어나는 새로운 측면을 긍정하는 것이 다른 사람을 불편하게 할 수도 있다. 더 이상 남들의 규범에 따라 살지 않겠다는 뜻이고 그래서 사람들을 잃어버릴 수 있음을 뜻한다. 그러나 사람들이 나와 함께 변화되며, 자기 안에 생동하는 것을 새롭게 발견할 준비가 되었음을 의미할 수 있다.

A 마리아에게서 여자의 다양한 삶의 단계를 발견할 수 있다. 소녀, 어머니, 늙은 여자다. 소녀 마리아에게서 투명함과 깨끗함을 발견한다. 마리아는 예수를 낳은 어머니다. 에페소 공의회는 마리아를 '하느님의 어머니'로 공경한다. 모든 어머니는 결국 하느님의 어머니다. 어머니는 신적 아이, 하느님이 만들고 형성한 아이를 낳는다. 마리아는 죽은 아들을 품에 안고 슬퍼하는 어머니다. 여자들은 마리아에게 기도를 바친다. 마리아에게서 고통과 비탄을 보았으며, 마리아가 자신의 고통에 공감할 거라 믿는다.
 천사가 전하는 하느님의 메시지에 마리아의 마음이 움직였다. 마리아는 산을 넘어 친척 엘리사벳을 찾아간다. 임신한 두 여자는 서로 인사한다. 그들이 만나 생명의 신비를 깨닫는다. 엘리사벳 안에서 아이가 기쁨으로 뛰놀았다. 그녀는 자신 안의 순수하고 훼손되지 않은 형상과 접촉한다. 마리아는 자기와 백성에게 행하신 하느님의 행위를 노래하면서 찬미한다. "그분께서 당신 종의 비천함을 굽어보셨기 때문입니다. 이제부터 과연 모든 세대가 나를 행복하다 하리니"(루카 1,48). 이 구절에 순박한 소녀가 내면에서 느낀 자기 신뢰가 담겨 있다. 마리아는 하느님이 자기에게 큰일을 행하셨고, 자기를 크게 만드신 것을 안다. 마리아는 모든 가치의 전복을 노래한다.

마리아는 순종적이고 싹싹한 여자가 아니다. 저항하는 여자, 혁명적인 여자다. 하느님은 이 세상의 모든 규범을 내던졌다. "그분께서는 당신 팔로 권능을 떨치시어 마음속 생각이 교만한 자들을 흩으셨습니다. 통치자들을 왕좌에서 끌어내리시고 비천한 이들을 들어 높이셨습니다"(루카 1,51-52 참조). 마리아는 하느님이 자신을 통해, 이 세상의 힘 있는 자들이 세우고 고수하려는 관계들을 변화시키신다는 것을 느꼈다. 마리아는 하느님을 위대한 혁명가로 본다.

ㄴ마리아는 자기 비밀을 말할 수 있는 여자 엘리사벳을 만난다. 이런 사이는 오늘날 여자에게도 필요하다. 사회 규범에서 보면 두 여자의 임신은 옳지 않았다. 엘리사벳은 너무 늙었고, 마리아는 혼인도 하지 않고 임신했다. 이 둘은 흔들렸고 의심했다. "난 어떻게 될까? 어떻게 해야 하나?" 이 물음이 둘을 결합시켰다.

마리아와 엘리사벳은 서로를 받아들였다. 그들은 판단하지 않았다. 사회가 옳다, 그르다 정한 것에 따라 평가하지 않았다. 나에게 일어난 일이 무엇을 의미하는지, 자기 안에 새로운 생명이 자라고 있음을 느낀다. 둘은 자신의 내면을 나누었고, 강해지는 것을 느꼈다. 마리아는 엘리사벳을 통해 하느님이 자신에게 선한 일을 행하셨다는 사실을 새로이 알았다. 의심과 불안은 기쁨과 환희로 바뀌었다. 이제 자신에게 일어난 일을 표현하며 살 수 있게 되었다. 여자는 다른 여자들과 만나면서 강해지는 것을 느낀다. 자신의 마음을 움직인 것을 서로 나누면, 그 의심과 회의가 자기 신뢰와 용기로 바뀐다.

🅐 루카에게 마리아는 일어난 모든 것을 마음에 깊이 새긴 여자다. 마리아는 예언된 위대한 아이를 낳았다. 마리아는 아이와 함께 이 세상에 빛과 평화를 가져왔다. 그 평화는 아우구스투스 황제가 무력으로 로마제국에서 이룬 평화보다 강했다. 예루살렘 성전에서 잃어버린 줄 알았던 아들을 찾았을 때 어머니의 걱정과 놀란 마음은 짐작하고도 남는다. 그런 상황에서도 마리아는 하느님이 행하신 일임을 믿고 마음속에 간직했다. 늙은 시메온이 마리아에게 예언했다. "당신의 영혼이 칼에 꿰찔리는 가운데, 많은 사람의 마음속 생각이 드러날 것입니다"(루카 2,35).

L아이가 있는 어머니는 마리아가 열두 살 예수를 통해 경험한 그 걱정과 거절이 무엇인지 안다. 그 나이에는 아이와 어머니 사이에 변화가 일어난다. 아들은 남자로, 딸은 여자로 성장한다. 그들은 자신의 것을 따라가기 위해 어머니에게서 떨어져야 한다. 마리아도 다른 어머니들처럼 아들이 자기에게 속하지 않음을 경험해야 했다. 십자가에서 겪어야 할 이별을 거기서 연습하고 이해해야 했다. 어머니들만이 아니다. 모든 여자는 마리아가 그랬듯 자기가 돌보며 키우고 지킨 것이 자기 소유가 아님을 알아야 한다. 자유롭게 놓아준다고 사람이나 어떤 일에 쏟은 사랑이 없어지는 것은 아님을 알아야 한다.

A요한 복음서 저자는 마리아를 다르게 그리고 있다. 예수의 어머니에 대해 말한다. 요한 복음서에서 마리아는 두 군데 결정적인 장소, 카나의 혼인 잔치와 골고타의 십자가 아래에서 등장한다. 카나의 혼인 잔치 이야기는 하느님의 인간 되심의 신비를 묘사한다. 하느님이 인간이 되실 때, 그분은 인간과 함께 혼인 잔치를 베푸시며 우리 생의 물을 포도주로 바꾸실 것이다. 우리 삶은 새롭고 신성한 맛을 띠게 된다. 마리아는 카나의 혼인 잔치에서 중요한 역할을 한다. 그녀는 포도주가 떨어졌음을 알았다. 인간에게 무엇이 결여되었는지 느낀다. 예수에게 도와달라고 부탁

한다. 변화를 일으킨다. 있는 그대로 머물러 있을 수 없음을 느낀다. 이는 물이 포도주로 변하는 문제가 아니라, 좀 더 깊은 사건을 건드린다. 문제는 인간의 변화다. 외적 관습에 젖어 있고, (돌로 된 물독 여섯 개가 가리키듯) 굳은 사람이 자신의 생동성을 발견하려면 하느님의 사랑이 필요하다. 외적 규범에 굳어 있는 사람은 혼인을 치를 수도, 사랑할 수도 없다. 하느님 사랑의 우물에서 마시고서야, 혼인식을 거행할 수 있다.

L 여자는 자신과 다른 이들의 관계에서 무엇인가 빠져 있다고 느낀다. 여자는 남자가 관계에서 부족한 것을 잘 말하지 않는다고 화를 낸다. 자신이 생각하는 것만큼 남자가 이 관계를 중요하게 여기지 않는다고 느낀다. 그렇지 않다면 이 관계에 대해 무슨 말이라도 해야 한다. 서로에게 더 이상 올바로 기능하지 않는 것을 발견하는 재능을 육감이라 할 수 있다. 그렇다면 여자가 그 재능을 그들의 관계에 들여오는 것은 가치가 있을 것이다. 길들여진 관계에 새로운 생동성을 가져올 수 있고 변화시킬 수 있다.

A 어머니는 예수 생의 마지막 날, 십자가 아래에서 아들을 다시 만난다. 거기에 사랑하는 제자와 함께 서 있다. "예수님께서는 당신의 어머니와 그 곁에 선 사랑하시는 제자를 보시고, 어머니

에게 말씀하셨다. '여인이시여, 이 사람이 어머니의 아들입니다.' 이어서 그 제자에게 '이분이 네 어머니시다' 하고 말씀하셨다. 그때부터 그 제자가 그분을 자기 집에 모셨다"(요한 19,26-27).

🄻 여자는 이런 식의 변화에 익숙하다. 어떤 일을 완수했을 때 일어나는 변화다. 여자는 한 가지 일이 끝나면 마리아처럼 자신의 사랑과 힘을 쏟을 수 있는 새로운 정체성을 추구한다. 새로운 가능성을 발견하는 것이다. 예수는 마리아에게 슬픔에 매달려 있지 말고, 사랑을 요한에게 계속 주라고 부탁한다. 여자는 자신의 생동성을 어디로 흘러가게 할 것인지 새롭게 결정할 수 있다.

🄰 성서학자들은 십자가 아래에서 마리아와 요한이 함께 있는 장면이 어떤 상징임을 알았다. 이 장면에는 깊은 의미가 담겨 있다. 죽음으로 예수는 높여지고, 하느님의 영역으로 올려졌다. 마리아를 통해 예수가 이 세상에 나왔다. 예수를 통해 우리는 하느님에게 간다. 마리아는 탄생과 죽음에서 변화의 어머니다. 탄생과 죽음은 인간이 겪는 커다란 변화 과정이다. 예수의 탄생으로 하느님 말씀이 육신을 취한다. 예수의 죽음으로 인간은 하느님에게 받아들여지고 하느님과 하나가 된다. 그의 탄생에서 이미 비추었던 영광이 죽음으로 충만해지고 투명한 광채로 나타난다.

한나바르바라 겔은 마리아가 고대의 모신, 땅의 여신, 달의 여신, 태양의 여신 이 모든 원형을 받아들였다고 쓴다. 모계중심사회에서 여자들이 여신들에게 품었던 동경을 마리아가 실현한다. 오늘날, 여성 신학자들은 종교 간 대화를 이끄는 데 마리아상이 적합하다고 생각한다. 마리아 안에서 인류 서사의 원형과 원체험을 볼 수 있기 때문이다(Gerl, *Die bekannte Unbekannte* 109 참조).

겔은 마리아 승천에 대한 로마노 과르디니의 교리를 인용했다. 이 교리는 "성스러운 여성성의 능력에 대한 호소"였다. "세계는 문자 그대로 남성적인 것에 매몰되었다. 여기서 교회는 오늘날 인간의 가장 깊은 곤경에 대답한다"(같은 책 111). 마리아는 모성 종교에 대한 깊은 동경을 구현할 뿐 아니라 올바른 길을 제시한다. 마리아는 "모든 마술적 융합과 범신론적 적용과는 다른"(같은 책 112), 주권적 자유와 내적 투명함으로 하느님의 천사에게 대답한다.

미술 작품에서 마리아는 고대 모신들이 지녔던 상징으로 둘러싸인다. 이전에 모신들을 대표하던 모든 상징은 이제 마리아를 표현하는 데 쓰였다. 마리아의 신비는 예술 작품으로 표현되었다. 수많은 순례지(알트외팅, 프라하 하르트레스, 몬트세라트)에서 검은 마리아상을 볼 수 있다. 지신地神의 한 요소를 마리아에게 넣은 것이다.

그리스도인으로서 우리는 마리아를 신심 깊은 여인으로 공경한다. 여신으로 떠받들지 않는다. 마리아는 땅과 수원水源을 변화시키는 힘에 대한 여자의 동경을 실현한다. 마리아를 힘차게 그린 그림도 있다. 이런 그림은 (마리아에 대한 금욕적 지침을 작성해서 여자에게 적용되도록 묘사한) '순결한 동정녀'로서 도덕적으로 미화한 그림과 반대된다. 예술가들은 마리아를 단지 한 인간으로 보았다. 그러나 마리아 안에서 변화를 일으키는 여자의 신비를 보았고 그것을 그렸다. 변화를 일으키는 여자 마리아를 나타내는 전형적인 상징은 달이다. 초승달은 마리아를 상징한다. "달은 다산의 상징이다. 예로부터 변화하는 형상 때문에 고대 동방에서는 달이 태양보다 더 중요한 역할을 했다. 소멸되고 자라나는 달은 다산과 밀접한 연관이 있다"(Schwelien 160). 초승달 위에 서 있는 마리아는 인간의 변화를 뜻한다.

마리아가 가지고 있는 것은 모든 여자도 가지고 있다. 마리아가 표현하는 여성성의 신비는 모든 여자에게 있다. 여자는 정체된 것을 예민하게 느낀다. 여자는 아이의 성장을 지켜보면서, 변화 없이는 어떠한 생명도 없다는 사실을 내면화한다. 정체된 사람은 성숙하지 못하고 굳어진다.

생명은 지속적인 변화다. 여자들은 태곳적부터 그릇, 또는 항아리로 묘사되었다. 그릇은 담는 것이다. 그릇 안에서 요리가 이루어지고 여러 음식으로 변화한다. 여자들은 변화의 비밀을 안다. 아이를 키우고, 부엌에서 요리하는 여자는 변화가 무엇인지 안다. 끊임없이 변화될 준비가 되어 있다. 여자에게는 자신의 현 존재와 물음을 통해 상대편 안에 있는 어떤 것을 변화시키는 능력이 있다. 대화에서 나타나는 여자의 강점이다. 남자들이 자기 주장을 고수할 때, 여자는 다시 움직이게 하는 물음을 던진다.

여자들은 자신의 변화를 일으키는 능력을 믿어야 한다. 그러면 자녀 양육, 부부, 회사, 사회, 교회, 정치에서 많은 변화를 일으킬 수 있다.

Anselm_ 오랫동안 너는 마리아를 다루어 왔는데, 얼마 전 성모 승천 대축일에 마리아에 대한 이야기를 했지. 그때 마리아의 새로운 면을 만났다고 했는데, 오늘날 마리아를 어떻게 보고 있지? 그 안에서 무엇을 인식하지? 변화를 일으키는 여자는 너에게 어떤 의미지?

Linda_ 마지막 질문에 먼저 대답할게요. 변화를 일으키는 여자는 제게 아주 친밀해요. 제 삶이 끊임없이 변화해 왔다고 느끼거든요. 외적인 상황 때문도 있지만, 사실 그보다 호기심이 언제나 내게 새로운 면을 발견하도록 했어요. 어린 저는 마리아에게서 가장 먼저 사랑하는 어머니를 보았어요. 어머니와 이모들이 얼마나 열심히 마리아를 찬미하는지, 늘 제 마음을 움직이게 했지요. 커서는 오랫동안 마리아에게 관심을 갖지 않았어요. 교회가 말하는 마리아상은 내 삶과 동떨어진 것으로 보였거든요. 교회는 마리아상을 통해 여성성을 찬미했지요. 그러나 저는 비하한다고 느꼈어요. 그 비하가 분열을 일으킨 거죠. 마리아에 대해 가지고 있던 이전의 표상들을 떼어 내게 했지요. 그것이 내가 성장하는 단계였던 것 같아요. 나만의 상이 자라도록 하는 시간이었죠. 저는 마리아에게 가는 새 입구를 찾았고, 오늘 마리아가 내 삶에 줄 수 있는 것이 무엇인지 물었죠. 마리아는 여자의 삶을 겪었고 피하지 않았어요. 마리아가 삶에 응답하는 방식이 제게 도움과 지향점이 되었어요. 마리아의 긍정은 일생 동안 시험을 받았어요. 고통 속에서도 언제나 믿음을 선택했지요. 그 안에서 내 자신을 재발견할 수 있어요. 오늘날 저는 무엇이 마리아를 여왕으로 만드는지 새롭게 이해해요. 여성적 힘의 중심을 마리아에게 둘 때, 그 힘이 뚜렷하게 되고 그 뚜렷함을 통해 여왕이 되는 거죠.

마리아 막달레나

| 사랑

^A 여자들은 자기를 받아 주는 사랑을 갈망하기 마련이다. 세계 문학에서 위대한 사랑을 하는 여자는 수많은 작품의 모티프가 되었다. 러시아의 대문호 도스토예프스키는 『죄와 벌』에서 소냐를 위대한 사랑의 여자로 그린다. 그녀는 돌같이 굳은 살인자를 죽음에서 깨웠다. 사랑이 굳은 것을 녹여 물처럼 흐르게 했다. 사랑은 가까이할 수 없는 살인자를 한 인간으로 변화시켰다. 작가들은 사랑으로 사람을 매혹시키고 생명으로 이끄는 여자를 늘 찬미한다.

복음서 저자들은 마리아 막달레나를 사랑의 여자로 묘사한다. 여자들은 마리아 막달레나를 사랑한다. 그녀는 열정적인 여자이고 사랑하는 법을 아는 여자다. 그녀는 예수의 친구다. 교회 전통은 루카 복음에 나오는 죄인과 마리아 막달레나를 동일한 인물로 보았다. 이에 여자들은 반기를 든다. 여자들은 남성 중심의 교회가 죄인과 마리아 막달레나를 동일시하면서 도덕적 논란을 일으키고 싶어 한다는 것을 알고 있다.

나는 마리아 막달레나를 루카와 요한 복음서에 한정해 이야기하겠다. 마리아 막달레나는 예수의 길에 동행한 첫 번째 여자다. 그녀는 강한 여자였다. 그녀는 예수 곁에 있었다. 루카는 그녀에게서 일곱 마귀가 떨어져 나갔다고 전한다(루카 8.2 참조). 예수는 그녀를 마귀에게서, 내적 분열과 소외에서 해방시켰다. 그녀는 본디 사랑할 능력이 있었다. 예수가 그 능력을 이끌어 주었다. 마리아 막달레나는 예수 곁에 머무르고 싶었다. 예수는 그녀에게 존엄과 중심을 찾아 주었다. 그녀는 이제 자기 중심으로부터 사랑할 수 있게 되었다. 새롭게 깨달은 사랑의 능력으로 예수를 사랑했다.

요한은 마리아 막달레나가 예수의 무덤으로 제일 먼저 달려갔다고 전한다. 그녀가 첫 번째로 부활을 목격했다. 아우구스티누스가 말했듯 '사도 중의 사도'(apostola apostolorum)가 되었다. 요한은 마리아가 무덤으로 달려가 부활한 예수를 만나는 장면을 사랑 이야기로 묘사한다. 두 연인의 사랑의 노래인 아가雅歌와 연결한다. 연인은 사랑을 즐기고 하느님이 인간에게 주신 놀라운 선물에 감사한다. "나의 누이 나의 신부여, 그대는 내 마음을 사로잡았소. 한 번의 눈짓으로, 그대 목걸이 한 줄로 내 마음을 사로잡았소"(아가 4,9).

"나는 잠자리에서 밤새도록 내가 사랑하는 이를 찾아다녔네. 그이를 찾으려 하였건만 찾아내지 못하였다네"(아가 3,1). 마리아 막달레나도 아직 어두운 이른 새벽에 자기 영혼을 사랑한 그분을 찾으려고 일어난다. 아가에서 신부는 자기 영혼을 사랑한 사람에 대해 세 번 말한다. 마리아 막달레나도 세 번 묻는다. "누가 주님을 무덤에서 꺼내 갔습니다. 어디에 모셨는지 모르겠습니다"(요한 20,2). 두 번째로 그녀는 무덤 안에 있는 두 천사에게 묻는다. 사람들이 꺼내 간 "저의 주님"(요한 20,13)에 대해 묻는다. 세 번째로 부활한 예수를 정원지기로 생각하고 묻는다. "선생님, 선생님께서 그분을 옮겨 가셨으면 어디에 모셨는지 저에게 말씀해 주십시오. 제가 모셔 가겠습니다"(요한 20,15).

예수가 "마리아야!"(요한 20,16) 하고 부르자 그녀는 "돌아서서 히브리 말로 '라뿌니!' 하고 불렀다. 이는 '스승님!'이라는 뜻이다"(요한 20,16). 예수는 그녀만의 스승이다. 그녀는 자기 이름을 부르는 예수의 음성에서 사랑을 느꼈다. 마리아는 감동했다. 예수를 향한 그 모든 사랑을 살아 있게 하는 데 이름을 불러 주는 것으로 충분했다. 아가의 신부처럼 그녀는 예수를 붙들려고 한다. "나 그이를 붙잡고 놓지 않았네, 내 어머니의 집으로, 나를 잉태하신 분의 방으로 인도할 때까지"(아가 3,4). 그리고 예루살렘의 아가씨들에게 말한다. "우리 사랑을 방해하지도 깨우지도 말아 주오, 그 사랑이 원할 때까지"(아가 3,5). 예수는 마리아에게 자기를 붙들지 말라고 한다. "내 하느님이시며 너희의 하느님이신 분께 올라간다"(요한 20,17). 마리아는 자기 사랑이 변화됨을 경험한다. 예수를 자기 사랑 안에 붙들어 둘 수 없다. 그분을 놓아주어야 한다. 그분은 아버지에게 속해 있다.

아가를 배경으로 마리아 막달레나 이야기를 읽으면 그녀의 사랑을 짐작할 수 있다. 아가는 도덕적 규범에 얽매이지 않고 사랑을 찬미한다. 그것은 신부와 신랑 사이의 자유로운 사랑이다. 그것이 놀랍도록 아름다운 그림으로 묘사되었다. "나의 누이 나의 신부여, 그대의 사랑이 얼마나 아름다운지! 그대의 사랑은 포도주보다 얼마나 더 달콤하고, 그대의 향수 내음은 그 모든 향료보다 얼마나 더 향기로운지! 나의 신부여, 그대의 입술은 생청을 흘리고, 그대의 혀 밑에는 꿀과 젖이 있다오. 그대 옷의 향기는 레바논의 향기 같구려. 그대는 닫혀진 정원, 나의 누이 나의 신부여, 그대는 닫혀진 정원, 봉해진 우물"(아가 4,10-12).

마리아 막달레나는 이 사랑을 예수에게서 체험했다. 요한은 아가에서 노래한 사랑을 예수의 부활에서 확증한다. "사랑은 죽음처럼 강하고 정열은 저승처럼 억센 것. 그 열기는 불의 열기, 더할 나위 없이 격렬한 불길이랍니다. 큰 물도 사랑을 끌 수 없고 강물도 휩쓸어 가지 못한답니다"(아가 8,6-7).

예수의 부활은 예수와 마리아 막달레나를 하나로 결합한다. 죽음으로도 사랑은 사라지지 않음을 보여 준다. 사랑은 죽음을 이긴다. 죽음은 단지 변화시킬 뿐이다. 사랑은 매어 놓는 것이 아니다. 사랑은 자유로운 것이다. 타인의 신비를 아는 것이 사랑이다. 타인 안에는 사랑하는 사람에게도 속하지 않으며, 누구도 그 안으로 밀고 들어갈 수 없는 신비, 바로 하느님이 있다.

요한은 예수가 사랑한 제자에 대해 쓴다. 이 제자는 마리아 막달레나가 전하는 소식에 빈 무덤으로 달려간다. 그에 대해서는 "보고 믿었다"(요한 20,8)라고 쓰여 있다. 그 제자는 그냥 혼자 집으로 돌아갔지만 마리아 막달레나는 부활하신 주님을 만났다. 그녀에게 그분을 만날 만한 자격이 있었던 것이다.

열정적인 사랑이 그녀를 예수에게 몰아댔다. 그 사랑은 누가 주님을 무덤에서 꺼내 갔냐고 세 번이나 묻는 고집스러움에서 나타난다. 그 열정은 그녀가 흘린 눈물에서 볼 수 있다. 그녀는 예수를 향한 사랑을 온몸으로 표현한다.

  전통적으로 루카 복음 7장에 나오는 죄인은 마리아 막달레나와 동일시되었다. 그녀의 열정적 사랑을 표현하고자 한 것이다. 그러나 잘못된 해석이다. 둘을 같은 사람으로 보면, 은연중에 여자를 죄인과 유혹자라 여길 수 있다. 오늘날 여자들은 이런 관념에 정당하게 맞선다. 그러나 전승이 가부장적인 것만은 아니다. 그보다는 더 큰 지평이 있다. 우리가 이 전승을 보다 큰 연관 관계 안에서 본다면 긍정적으로 볼 수 있다.

  루카는 죄인을 도덕적으로 포장하지 않는다. 바리사이는 그녀를 죄인이라 불렀다. 루카는 그녀를 열정적으로 사랑한 여자라고 묘사한다. 그녀는 사회적 장애를 극복하고 바리사이 집에서 열린 잔치에 들어가 예수의 몸에 손을 댔다. 그녀는 사람들의 선입견에 아랑곳하지 않고 자기 마음을 따랐다. 그녀는 눈물과 향유로 자신의 사랑을 보여 주고자 했다. 예수는 행하도록 허락하며 그녀를 칭찬한다. "그래서 큰 사랑을 드러낸 것이다"(루카 7, 47). 또 다른 전승은 마리아 막달레나를 깨달은 여자로, 또는 깨우치는 여자로 묘사한다. 그녀는 활동적인 복음 선포자가 되었다. 그녀가 예수 그리스도에 대해 말할 때 "온 백성이 아름다운 외모와 온아한 말솜씨에 놀랐다. 그녀는 주님의 발에 그렇게 온아하고 친밀하게 입 맞추었다. 그 입으로 선포한 하느님의 말씀이 더 잘 전해지는 것은 당연한 일이다"(Jacobus de Voragine 473).

심층심리학적으로 볼 때 마리아 막달레나는 열정적으로 사랑한 여자다. 그녀는 온몸으로 사랑한다. 죄는 계명의 위반이 아니다. 삶의 빗나감이다. 전승에 따르면 마리아는 사랑에 상처받은 여자였다. 그러나 열정을 잃어버리지 않았다. 마침내 모든 열정으로 사랑할 수 있는 사람을 예수 안에서 찾았다. 그 사랑은 그녀를 변화시켰고, 몸은 하느님의 빛과 아름다움을 비추게 되었다. 깨달은 여자, 마리아 막달레나는 위대한 신비가다. 그녀가 관상할 때마다 천사에 의해 하늘로 들려 올라갔다고 묘사된다. 그녀는 온전히 하느님에게 머무르며 기도했고 이미 하늘을 경험했다.

마리아 막달레나는 고통을 겪는다. 바로 그 고통을 통해 어떤 것보다 강한 사랑을 발견한다. 죽음도 사랑을 뺏을 수 없다. 예수의 무덤에서 자기 영혼을 사랑한 분을 모든 열정을 다해 찾는다. 울음을 터트리고 격한 감정을 억누르지 못한다. 예수를 알아보자마자 껴안는다. 그녀의 열정적 사랑은 보답을 받는다. 그녀는 부활한 예수를 보고 만질 수 있었다. 부활을 선포한 첫 번째 사람이 된다. 그녀에게 부활은 죽음을 이긴 사랑의 승리다. 예수를 향한 그녀의 열정적 사랑은 죽음과 부활을 통해 변화되었다. 그녀는 자기의 힘을 잃지 않았고 자기 사랑에 강했다.

전승은 마리아 막달레나를 다시 보게 한다. 오늘날 이 위대한 여자에 대한 관심이 뜨겁다. 그녀를 소재로 삼은 소설은 수없이 많다. 소설에서 마리아 막달레나는 예수의 제자 또는 연인으로 묘사된다. 여류 작가들은 마리아 막달레나를 위대한 사랑의 여자로 표현한다. 그녀는 여자 안에 있는 죽음보다 강한 사랑에 대한 동경을 일깨운다.

칼릴 지브란은 마리아 막달레나가 예수에게 느꼈을 열정적 사랑에 대해 쓴다.

> 그분이 나를 바라보며 말했어. "평화가 너와 함께 하기를, 미리암." 그분의 음성이 나를 향했을 때, 생명이 죽음에게 말했지. 친구여, 나는 죽어 있었어. 나는 영혼을 잃은 여자였지. 네가 지금 보고 있는 '나'와 따로 살았어. 나는 모든 남자에게 속했지만, 누구에게도 속하지 않았지. 사람들은 나를 창녀라고, 일곱 마귀가 들린 여자라고도 불렀지. 나는 저주와 시샘을 받았지. 그러나 그분의 아침 햇살 같은 눈과 마주쳤을 때, 밤의 모든 별들이 빛을 잃었어. 나는 미리암, 그저 미리암. 내가 알던 세상을 버리고, 새로운 땅을 발견한 여자가 되었지.

나는 그분께 말했어. "저의 집에 오셔서, 저와 함께 빵과 포도주를 드세요." 그분은 물었어. "왜 나를 손님으로 초대하느냐." 나는 그냥 그분께 청했어. "저의 집에 오세요!"

내 안에서 하늘과 땅에 속한 모든 것들이 그분을 향해 외쳤어. 그분이 나를 보았고, 그분의 눈길이 내게 머물렀어. 그리고 내게 말했지. "네게는 연인이 많구나. 미리암, 그러나 나만이 너를 사랑한단다. 다른 남자들은 너를 사랑하면서 자기 자신을 찾고 있지. 나는 너 때문에 너를 사랑한다. 다른 사람들은 너의 아름다움을 원하지. 그들의 아름다움은 세월보다 더 빨리 지나가 버리거든. 그러나 나는 네 안에 결코 시들지 않는 아름다움을 보고 있단다. 네 인생의 가을에도 너는 거울을 보는 것을 두려워할 필요가 없어. 아름다움은 시들지 않을 테니까. 나만이 네 안에 있는 것, 사람들이 보지 못하는 것을 사랑한단다."

그분은 나를 보고 웃으며 말씀하셨지. "남자들은 자신을 위해 너를 사랑하지. 나는 너 때문에 너를 사랑한다." 그리고 그분은 떠나갔어. 어떤 남자도 그분처럼 걷지 못해. 그 걸음은 내 뜰에서 일어나 동쪽으로 부는 아침 바람이었나, 아니면 모든 것을 뿌리째 뒤흔든 폭풍이었나. 모르겠어. 그러나 그날 그분의 눈에 떠오른 태양은 내 안에 있는 뱀들을 죽였어. 나는 한 여자가 되었어. 나는 미리암, 미리암 막달레나가 되었어(Khalil Gibran, *Jesus Menschensohn*).

예수와의 만남으로 마리아 막달레나는 사랑으로 받아들임이 무엇인지 경험한다. 예수는 아무것도 요구하지 않는다. 어떤 조건이나 소유를 주장하지 않는다. 있는 그대로 사랑한다. 그로 인해 그녀는 자유로워진다. 사랑받지 못할 것이라는 두려움에서 벗어난다. 그녀는 이제 자기 연민에서 벗어나 자기가 어떤 사랑을 할 수 있는지 깨닫게 된다. 이제 자기 안에 붙들고 있는 것을 자유롭게 놓아준다. 다른 사람을 사랑하면서 받아들인다. 열정적으로 사랑할 수 있다.

"나만이 네 안에 있는 것, 사람들이 보지 못하는 것을 사랑한단다." 이 문장은 여자에게 사랑과 결합하는 것이 무엇인지 말해 준다. 여자들에게 언제 사랑받고 있다고 느끼는지 물어보면 이렇게 대답한다. "누군가에 의해 내가 깊이 인식될 때. 누군가가 내 영혼을 바라보며 내가 누구인지, 지금 어떻게 느끼는지 알아줄 때. 그러면 마음이 움직여 눈물이 흐른다. 누군가 나 자신에게로, 내 깊은 갈망과 힘으로 이끌어 주는 것을 느낀다. 내 안에 있지만 내가 보지 못하고 받아들이지 못한 것을 사랑한다고 말할 수 있음을 느낀다."

우리 모두는 사랑받고 싶고 자신을 사랑하고 싶다. 타인을 진정으로 사랑하려면 먼저 자신을 사랑해야 한다. 자신을 사랑함은 자기에게 관심을 기울이고 자기를 배려한다는 뜻이다. 내 느낌과 고유함, 나를 살아 있게 하는 모든 것을 내 안에 받아들인다는 뜻이다. 자기 느낌이 존중받지 못했다고 말하는 여자가 많다. 어제 우리에게 무엇이 필요했는지 묻는 것은 소용없다. 오늘 무엇을 살아 내고 표현하고 싶은지 묻는 자기 사랑이 필요하다. 한 여자가 유아기 때 사랑받지 못한 경험으로 오랫동안 고통을 겪었다. 어느 날 이제 그만하자고, 이제 충분하다고 마음을 정했다. 있는 그대로 자신을 받아들이기 시작했다. 다른 사람들에게 받는 작은 사랑에 의식적으로 주의를 기울였다. 그러고는 얼마나 많은 사랑을 받았는지 경험했다. 그 경험에 마음 깊이 감동받았고 자신도 사랑받고 있음을 느꼈다.

세미나에서 여자들은 자신을 사랑하는 여자가 되어야 한다는 것을 깨닫는다. 그들은 그동안 너무 많이 자기를 판단했다. 자기를 싫어하고 받아들이지 않았다. 어릴 적에 부정적으로 평가된 자신의 특성을 성인이 되어서도 자신에 대한 가치판단 기준으로 삼았다. 자기 불신, 시기, 조급함, 무능, 이런 것은 도움이 안 된다. 받아들인다는 것은 나의 약함으로 드러난 나를 사랑으로 바라보는 것이다. 그 안에도 은총이 숨어 있음을 깨닫는 것이다.

쉽지는 않다. 그 길은 자신을 사랑하기 위해 늘 새롭게 결단해야 하는 기나긴 여정이다.

🅐 사랑의 길을 가는 사람은 소유하려 들지 않고, 통제하고 싶은 욕심에서 자유로운 사랑이 얼마나 어려운지 안다. 사랑을 배우고, 생명을 일깨우며 섬기는 것은 평생 풀어야 할 과제다. 모든 여자가 사랑을 갈망한다. 하지만 자기 자신을 사랑하고, 자기 몸을 아끼며, 자신의 강점과 약점을 받아들이는 일은 힘들다. 너그러운 마음으로 자신을 있는 그대로 인식하는 것을 어려워한다. 사랑받고 싶어서 한 남자 또는 여자를 사랑하는 여자가 많다. 그들이 자기를 사랑하지 않으면 만족할 줄 모른다. 상대는 질식해 버린다.

🅛 여자들은 아무 조건 없이 사랑한다고 하지만 실은 사랑에 수많은 조건을 단다. 상대방, 아이, 부모가 달라진다면 그들을 더 사랑할 거라고 생각한다. 우리 시선은 상대에게 결여된 것을 향한다. 있는 그대로 보지 못한다. 상대방을 그대로 두지 못하고 이렇게 되었으면 좋겠다는 기대를 갖는다. 끊임없이 그가 못하는 것을 지적하고, 그를 부족한 사람으로 몰아세우고, 그에게 자신의 문제를 전가한다.

다른 사람을 통해 채워지지 않는 바로 그 부분에서 여자는 자신이 나아가야 할 방향을 찾을 수 있다. 자기를 바라보며 자기에게 유익한 것을 삶에 가져올 수 있다.

타인을 있는 그대로 받아들이는 것이 사랑이다. 그에게서 그 사람만의 위대함을 성취할 수 있는 자산을 이끌어 낸다. 사랑하는 여자는 그의 결함보다 그 인격의 충만함을 본다. 그가 잘못을 저질렀지만 그도 알고 있다면 사랑하는 여자는 침묵한다. 잘못을 지적하지 않는다. 그만의 방식으로 성장하도록 놓아둔다.

사랑하는 여자는 자신에게 친절하며, 자신의 입장에서 나와 타인을 바라본다. 사랑하는 사람은 자기에게 무엇이 필요한지 말하고, 타인이 필요로 하는 것이 무엇인지 경청한다. 함께 나누고 마음을 털어놓으며 타인의 삶에 참여한다. 사랑하는 여자는 그 자리에 머물러 있다.

사랑하는 여자 안에는 언제나 삶에 대한 사랑이 있다. 누군가를 또는 무엇을 잃었을 때, 아플 때, 오랫동안 감정을 억눌렀을 때 그 힘든 시간이 지나면 이런 말을 꺼내곤 한다. "나는 그저 살고 싶습니다." 그 순간 우리는 삶과 내 안에 살아 있는 모든 것을 사랑하는 여자다. 한 칠십 대 할머니가 많은 병고를 치른 후 삶이 자기에게 준 것에 감사한다고 말했다. 난 깊이 감동했다. 할머니는 삶에 대한 사랑으로 이렇게 결심했다. "나는 매일 내 삶을 축하하며 살 거야." 단조로운 일상에서 아무리 사소한 일이라도 날마다 만나는 새로움에 집중하고 기뻐할 수 있다. 고통을 알지만, 고통을 사랑으로 변화시킨다. 할머니는 삶을 사랑으로 살고, 열정적으로 사랑하며 산다.

여자의 감성은 남자보다 쉽게 삶, 자연, 동료, 아이들, 낯선 사람들에 대해 강렬한 사랑을 표현할 수 있게 한다. 여자는 사랑으로 자기에게 소중한 것을 바라본다. 또한 사람들이 그 사랑을 느끼도록 표현한다. 삶에 대해, 존재하는 것에 긍정하는 것이 바로 감성이다. 여자는 사랑으로 나무 한 그루를 바라본다. 사랑으로 햇빛의 온기를 느낀다. 애정의 몸짓을 사랑하면서 자기 안에 받아들인다. 생명과 사랑의 선물에 자기를 연다. 자기 안에서 흘러나오는 것을 나누고 싶어 한다. 열정적으로 사랑하기 때문이다.

사랑하는 여자는 친밀하고, 사랑을 펼칠 공간을 내어 준다. 타인과의 친밀함에서 나를 만난다. 나를 열어 보인다. 나를 놓아준다. 친밀함에서 타인과 결합을 느끼며 만난다. 타인과 깊은 친밀함을 느끼지 못한다고 불평할 수 있다. 그건 내 안에서 먼저 해야 할 것을 타인에게 미룬 탓이다. 자문해 보자. "나는 나와 가까이 있는가? 나의 감정, 욕구, 불안과 만나고 있는가? 나를 느끼는가?" 추구해야 할 것은 외적 친밀함이 아니다. 내적 친밀함이다. 내가 나 자신과 가까운 만큼 타인에게 다가갈 수 있다.

친밀함을 갈망하기도 하지만 너무 가까운 것에 불안해하기도 한다. 경계를 잘 긋지 못하고, 자신의 고유함을 표현할 수 없다고 느낀다. 타인과 가까우면 숨기고 싶은 깊은 상처나 갈망을 들킬지 모른다는 두려움을 느낀다. 사랑하는 여자는 어느 정도 가까워야 하는지, 어디에서 자기를 열어야 하는지, 어디쯤에서 경계를 설정하고 자기를 보호해야 하는지 느낀다. 사랑하는 여자는 자신의 인격적 성장을 위한 공간을 자기에게 내어 준다. 그 공간을 다른 사람에게도 내어 주며 그 사랑을 살아 있게 한다.

사랑에는 인내가 필요하다. 인내하고 신뢰하면서 성장한다. 여자들은 남자에 대해 조급하다. 여자들은, 여자가 전력을 다해 발전해 갈 때 남자도 여자의 발전에 관심을 가져 주었으면 좋겠다고 느낀다. 여자는 남자와 더 많이 나누고, 동등한 경험을 하기를 원한다. 그러나 남자는 자신의 감정 세계에 대해 나눌 필요를 느끼지 못한다. 남자는 질병이나 삶의 큰 변화를 겪으면 좀 더 성숙하게 된다. 이때 남자에게 그로서 존재하게 하고, 자신만의 시간을 주어야 한다. 그러기 위해서 여자에게 사랑이 필요하다. 또한 남자에게 그 자신은 소중한 존재이며, 함께 발전하기를 원한다는 신뢰가 필요하다. 여기서 여자가 채근하면 남자는 마음을 닫는다. 남자는 여자와 다른 자기 길을 간다. 사랑하는 여자는 이를 신뢰하고 시간을 준다.

🅐무엇보다 여자는 용서할 때 사랑하며 존재한다. 용서는 머리에서 나오는 것이 아니다. 우선 분노와 실망을 허용해야 한다. 그리고 언제나 자기 마음을 열 수 있게 분노와 실망을 다듬어야 한다. 다시 사람들을 만나기 위해 자기를 넘어 자라나야 한다. 자기가 용서받았던 기억이 도움이 될 것이다. 타인에게서 경험한 사랑을 자기도 전할 수 있다.

사랑이란 자기를 내어 주고 놓아주는 것이다. 사랑은 자기희생을 뜻하지 않는다. 타인을 위해 자기를 희생하는 사랑은 쓰다. 희생자는 가해자가 되기도 한다. 타인을 내게 묶어 놓기 위해, 그를 위해 나를 희생한다. 타인을 위해 희생하는 사람은 그를 쉽게 놓아주지 못한다. 예수는 우리를 위해 죽음의 손에 자신을 맡겼다. 그의 희생은 성공했다. 그러나 우리가 자신의 희생과 그의 희생을 동일시하면 스스로에게 과도한 요구를 한다. 칼 융이 말했듯이, 어떤 원형과 자신을 동일시하면 자신의 희생 안에 감추어진 공격성을 보지 못하게 된다.

🅑사랑하는 여자가 소유욕에 불타면 좋지 않다. 너무 가까워지고 싶어 하고, 타인이 자기를 위해 마음을 내어 주지 않으면 그 부정적 측면이 드러난다. 타인의 사랑을 구걸하면 그 사랑은 미숙한 채로 남아 있다.

🅐 성숙한 사랑은 타인에게 자기를 내어 준다. 사랑이 한계에 이를 때도 있겠지만 성숙한 사랑은 타인이 사랑을 받아들이지 못하고 충분히 마음을 주지 못할 때, 사랑을 원하는 자신의 욕구를 채워 주지 못할 때도 받아들인다. 유치한 사랑의 욕구에 머물며 그 이상 성숙하지 못한 남자들이 있다. 여자는 모성애를 갈구하는 남자의 유아기적 욕망에 끌려가지 않고 사랑의 사람으로 남아 있어야 한다. 사랑하는 여자는 남자의 사랑이 원하는 대로 자신과 삶을 몰아가지 않는다. 사랑 안에서 자기 가치를 느낀다. 타인의 삶의 틀 안으로 얽혀 들어가지 않는다. 사랑할 능력이 없는 사람이 자기 사랑을 빼앗아 가도록 두지 않는다.

🅛 마리아 막달레나에게는 사랑에 대한 동경과 사랑할 수 있는 힘이 있다. 그녀는, 여자가 사랑할 수 있는 능력 안에 스스로를 세울 수 있게 하는 표상이다.

Anselm_ 사랑하는 여자의 상에서 네가 가장 중요하게 여기는 부분은 무엇이지? 마리아 막달레나의 가장 큰 매력은 무엇이지?

Linda_ 사랑할 수 있는 능력을 전제로, 자기 자신을 받아들일 준비가 되어 있다는 것이 중요해요. 이는 내 자신에게 가장 먼저 해야 할 일이며, 사랑의 표지로서 나를 더욱 발전시키려는 소망이지요. 신뢰를 통해 타인에게 여유를 주는 것이 제게는 사랑의 중요한 부분이에요.
무엇보다 마리아 막달레나가 치유받는 장면이 나를 매혹시켜요. 예수를 만나 그녀는 사랑하며 받아들임을 경험해요. 사랑을 체험하고, 그 사랑의 체험을 통해 온전해지죠. 사랑, 받아들여졌다는 느낌, 이것은 우리를 치유하고 전보다 더욱 힘차게 사랑할 수 있게 하지요.

한나

| 현자

ᴀ 동화를 보면 현명한 노파가 자주 등장한다. 「샘가의 거위치기 소녀」Die Gänsehirten am Brunnen에서는 사람들이 마녀라고 부르는 노파가 공주를 생명으로 인도하고, 젊은 백작에게 이끌어 관계를 맺도록 한다. 「연못 속의 요정」Die Nixe im Teich에서는 현명한 노파가 젊은 사냥꾼의 아내에게 세 가지 도구를 준다. 아내는 그 도구로 남편을 요정에게서 구해 낸다. 물레는 현명한 노파를 상징한다. 노파는 뒤에서 올바른 관계를 맺도록 조종한다. 부모와 자식, 남편과 아내 사이를 연결한다.

현명한 노파는 언제 자신이 나서야 하는지 안다. 자연과 인간 영혼의 리듬을 안다. 이 현명한 노파는 자주 할머니라고 불린다. 할머니가 마녀로 나오는 동화도 많다. 그는 삶의 어둠을 접촉하고 잘 다룬다. 현명한 노파를 '뿌리의 지혜'라 부르는 동화도 있다. 치료에 쓰이는 약초를 잘 알고, 자연의 지혜와 접촉한다. 현명한 노파는 삶의 기술을 전수한다. 젊은 여자들에게 성과 임신, 출산의 신비를 가르쳐 준다. 분명함과 질서에 대한 감각이 있다(Riedel 108 참조). 오늘날에도 현명한 노파들이 있다. 젊은 여자들은 그들에게 지혜를 구하고 자기 길을 찾고자 한다. 내면에 얽힌 갈등과 외적 혼란에서 자유롭고 싶어서 그들에게 끌린다.

성경에서 이런 현명한 노파의 원형에 가장 잘 맞는 사람이 한나다. 루카는 한나에 대해 예수의 탄생과 연관 지어 이야기한다. 복음서 저자는 한나를 예언자라 한다. 그녀는 "프누엘의 딸로서 아세르 지파 출신이었다. 나이가 매우 많은 이 여자는 혼인하여 남편과 일곱 해를 살고서는, 여든네 살이 되도록 과부로 지냈다. 그리고 성전을 떠나는 일 없이 단식하고 기도하며 밤낮으로 하느님을 섬겼다"(루카 2,36-37).

그 이름이 그녀의 본질을 말해 준다. 한나는 '하느님의 은혜를 받은 사람'이라는 뜻이다. 한나는 하느님의 특별한 사랑과 은총을 받았다. 그녀는 예언의 은총뿐 아니라 지혜도 받았다. 그녀는 프누엘의 딸이다. 프누엘은 '하느님의 얼굴'이라는 뜻이다. 한나는 하느님의 얼굴을 보았다. 하느님을 체험한 여자다. 또한 그녀는 '아세르 지파' 출신이다. 아세르는 '행복'을 뜻한다. 한나는 행복하게 살았다. 그 지혜는 내면의 평화를 주었고 행복하고 기쁘게 살도록 도와주었다.

한나의 생을 묘사하는 숫자도 상징적이다. 그녀는 일곱 해를 남편과 살았다. 일곱은 변화의 숫자다. 그녀는 자신을 변화시킨 한 남자의 사랑을 경험했다. 그리고 여든네 살이 되었다. 여든은 우리 삶을 꿰뚫고 들어오는 영원, 무한, 초월의 숫자다. 넷은 사원소(불, 물, 공기, 흙)를 나타낸다. 그녀는 삶 한가운데 서 있고 땅과 접해 있으면서 하느님을 향해 열려 있다. 두 발로 땅을 딛고 서 있으면서 언제나 신성한 것에 민감했다. 한나는 현명한 노파의 상을 실현한다. 여신 소피아가 지혜를 뜻하는 그리스어 '소피아'*sophia*에서 온 것도 우연이 아니다. 구약성경도 한처음에 하느님과 함께 있던 지혜를 여자로 묘사한다.

융의 제자인 에리히 노이만은 『위대한 어머니』*Die Große Mutter*에서 소피아를 이렇게 묘사한다. "현명한 여자는 자기 지혜의 기반을 언제나 이 땅의 현실에 둔다. 이런 점이 현명한 남자와 구별된다"(Neumann 305). 소피아는 양육하는 어머니상이다. 그 가슴에 있는 지혜의 샘에서는 "영혼을 살찌게 하는 감정과 중용의 지혜"(같은 책 308)가 솟아난다. 노이만은 소피아를 "사랑하고 구원하는 정신적인 힘, 지혜와 자양분이 솟아나는 가슴"(같은 책 309)으로 묘사한다.

동생 빌헬름 그림과 함께 독일 전래 동화를 엮은 야코프 그림은 『독일 신화』*Deutschen Mythologie*에서 "남자는 자기 행동을 통해, 여자는 자기 지혜를 통해 신성한 존재가 된다"(Riedel 142)고 했다. 게르만인들은 확실히 지혜가 여자에게 속한 것으로 생각한다. 여자들은 동화 속 홀레Holle 부인이나 여신 홀다Hulda 같은 게르만 여신의 지혜를 나누어 받았다.

남자에게 없는 지혜가 여자에게는 있다. 여자는 자연의 연관 관계를 안다. 여자는 땅과 자연에 가깝다. 이 친밀함과 달의 변화 주기에 의해 자연의 신비를 전수받는다. 이는 남자를 두렵게 한다. 남자는 이성의 그늘에 숨는다. 본능적 세계와 자연의 신비한 연관 관계를 부인한다. 역사적으로 마녀사냥이 그런 오해 때문에 일어났다. 여자들은 형상에 잘 접근한다. 그런 여자는 심리치료사로서 남자보다 더 명확하게 본다. 여자는 좋은 의사며 치료사다. 민간전승에 의하면 여자들은 기도치료사였다. 그들은 다음 세대에 자신의 지식을 전수했다. 사람들은 신비한 능력을 지닌 여자 점술가를 찾아간다. "로마 역사가 타키투스는 게르만 여자 대부분 점복 능력이 있으며 미래를 예언한다고 기록했다"

(Riedel 142). 노이만은 여자가 무의식 세계에 더 가까이 있다고 보았다. 그들의 예언 능력은 그 세계에서 길어 올린 지혜에서 나온다고 설명한다.

우리가 고대 게르만 전승을 단순히 반복할 수는 없다. 그러나 이 전승 가운데 숨어 있는 지혜를 발견하는 것은 좋은 일이다. 자신의 지식을 존중하며 전개하는 것, 건강한 자기 가치, 느낌을 발견하는 것은 여자에게 중요한 일이다. 남자가 알지 못하고, 이해하지 못하는 것을 여자는 안다. 여자는 남자의 지식과 경쟁해서는 안 된다. 남자의 지식은 폭이 넓다. 남자는 많이 알고 그것에 대해 잘 말한다. 여자의 지혜는 깊다. 이 지혜에 대해서는 간단하게 말로 설명할 수 없다. 느껴지는 것이다. 여자는 자신의 지혜를 신뢰해야 한다.

오늘날에도 한나처럼 현명한 여자들이 있다. 사람들이 자기 삶을 이야기할 때 여자들은 판단하지 않고 이해한다. 그 근본을 본다. 말을 많이 하진 않지만, 그 말이 정곡을 찌른다. 다른 사람에게 무엇이 필요한지 정확하게 느낀다. 사람을 몰아대지 않는다. 누군가 어려움에 처하면 그 자리에 함께 있다. 잉그리트 리델은 이를 "어려움 속에서 현명한 여자의 원형이 사람 안에서 깨어나는 것"으로 설명한다. 그러므로 사람들은 자기 주변에 있는 여자의 지혜에 열려 있게 된다. 그녀는 '우연히' 옆으로 지나간다. 또는 동화 「연못 속의 요정」에서처럼 꿈에서 구원의 길을 가리켜 주는 현명한 여자를 만난다.

현명한 노파에게는 자연의 지혜에 대한 섬세한 감수성이 있다. 자연에 순응한다. 창조의 모신과 결합되어 있다. 천지창조 이야기에서 우리는 모성적인 하느님을 만난다. 현명한 노파는 이 모성적인 하느님에 아주 가까이 있다. 그러한 여자는 자신의 여성 존재를 찬미하는 예식을 발전시킨다. 그들은 언제나 자연의 치유 능력을 직감한다. 약초에 대해 잘 안다. 다른 여자들에게 무엇이 좋은지, 어떻게 하면 그들의 상처를 치유할 수 있는지 보여 준다. 그것은 전쟁을 많이 치렀다고, 여기저기 많이 돌아다녔다고 얻을 수 있는 지식이 아니다. 만물과 깊이 결합된 데서 얻는 지식이다. 현명한 여자는 창조의 지혜에 참여한다. 자연의 내적 법칙을 안다. 탄생과 죽음, 생성과 소멸을 안다. 자신의 경험으로 삶의 신비를 안다.

현명한 노파는 생명과 사랑의 신비를 전수한다. 그 방식을 알며 또한 요구한다. 조언을 구하는 사람이 스스로 실현해야 한다고 자극한다. 자연과 생명의 리듬을 알지만 그 어둡고 파괴적인 측면도 안다. 그리스도교 전승에서는 홀레 부인이나 페르히타와 같은 현명한 여자들이 추악한 용모로 묘사되거나 마녀로 불렸다. 훌다Hulda와 헬Hel(이 단어는 지옥을 뜻하는 '휠레'Hölle에서 왔다) 같은 게르만 여신들은 축복과 저주, 생명과 죽음을 가져온다. 게르만 여신들을 몰아낸 것은 역사에서 여자의 지혜를 비하시키는 결과를 초래했다. 현명한 노파의 긍정적인 면이 마리아에게 투사되었다. 마리아는 지혜의 어머니다. 마리아에게 현명한 여자에 대한 인간의 동경을 끌어들였다.

다른 문화권에서 현명한 노파는 언제나 특별한 존경을 받는다. 그들은 자기가 살면서 겪은 경험과 지혜에 근거해 조언한다. 오늘날 젊음을 좇는 경향 탓에 현명한 노파가 지닌 의미는 퇴색되었다. 여자들은 현명한 노파를 다시 만나고 싶어 한다. 그들은 일상에서 자기를 잃어버렸으며, 더 이상 여성적인 힘으로 서 있지 못한다고 느낀다. 그들은 삶의 경험이 있고 인내심과 부드러움을 풍기는 여자를 만나고 싶어 한다. 살면서 자기 마음을 움직인 것들을 털어놓았을 때, 지혜롭고 온화하게 바라볼 수 있는 여자를 원한다.

현명한 노파는 넓고 높은 곳에서 내려다본다. 판단하지 않으며 그대로 놓아둔다. 사건의 표면에만 머무르지 않고 그 내면으로 여자를 인도한다. 그러면 여자는 자신의 중심을 발견할 수 있고, 자기가 처한 상황에 새로운 의미를 부여할 수 있다.

🅐 중요한 것은 여자들이 그런 현명한 노파를 만나는 것만이 아니다. 현명한 여자의 원형을 자기 안에 들여야 한다. 모든 여자는 내면에 현명한 여자를 품고 있다. 그러나 그 현명한 여자는 자주 구석으로 내쫓긴다. 자기를 비하하는 소리 때문에 궁색하게 숨어서 연명하고 있다. 현명한 여자의 원형은 자신의 지혜, 자기 안에 숨어 있던 신비한 지식과 접하게 한다.

🅛 지혜만이 아니라 삶의 경험, 위엄, 따뜻함, 넓은 가슴도 현명한 노파와 연관된다. 현명한 노파를 만날 때 우리는 그녀가 자기 안에 온전히 머무른다는 느낌을 받는다. 삶의 모든 측면을 잘 안다. 그들은 즐겁고, 고통스러운 경험을 통해 통찰력을 얻었다. 그 통찰력은 넓은 시야를 갖게 해 주었다. 현명한 노파는 삶에서 경험한 모든 것에 감사한다. 만나는 모든 것에 열려 있지만 그 이상 어떤 것도 요구하지 않으며 있는 그대로 기뻐한다. 자기 지혜를 강요하지 않고 다른 사람이 필요로 할 때 그 자리에 있다.

🅐 한나는 분명 그런 현명한 노파다. 한나가 아기를 품에 안았을 때 "하느님께 감사드리며, 예루살렘의 속량을 기다리는 모든 이에게 그 아기에 대하여 이야기하였다"(루카 2,38). 한나는 그 아기의 신비를 느꼈다. 그 아기가 구원을 기다려 온 사람들의 갈망을

채워 주리라는 것을 현명한 눈으로 보았다. 사람들의 질곡을 풀어 주고 해방시켜 줄 무엇이 그 아기를 통해 이 세상에 왔다. 한나는 아기에게서 하느님의 지혜가 빛나는 것을 보았다. 현명한 여자는 인간의 본질을 본다. 그 아기에게서 앞으로 실현될 것을 보았다. 그런 현명한 노파에게서 평화와 너른 아량이 나온다. 현명한 여자는 평가하지 않으며 모두를 존중하며 만난다. 그들은 구원에 기여한다. 얽힌 것은 풀리도록, 굳은 것은 녹도록, 어두운 것은 밝아지도록 돕는다.

현명한 노파는 젊은 여자들에게도 잘 맞는 상이다. 그들은 어릴 적 경험을 통해 내적 지혜와 투명함을 발견했다. 모든 여자의 일면에는 이 현명한 노파가 있다. 그러나 여자들이 업적만 추구하고 완벽함만 지향한다면, 자기 여성적 본능을 신뢰하지 않고 그에 따라 행동하지 않는다면 현명한 노파와 결합할 수 없다. 우리 안에 있는 현명한 노파는 여성적 근원으로 우리를 이끌어 간다. 우리의 여성성을 사랑으로 대하는 법을 전해 준다. 사랑으로 대한다는 것은 우리 몸의 지혜를 잘 듣는다는 뜻이다. 내 몸이 질병을 통해 무엇을 알려 주려고 하는가? 내가 무엇에 주의를 기울여야 하는가? 이 지혜는 자기 안에 충분히 주의를 기울이지 못한 부분으로 우리를 이끌어 준다.

Anselm_ 오늘날에는 어디에서 현명한 노파를 만나지? 네 안에 있는 현명한 노파의 원형에 대해 말해 주겠니? 그 원형이 자신의 지혜를 신뢰하지 않는 여자에게 어떤 것을 말해 주지?

Linda_ 알고이에서 현명한 노파를 얼마나 많이 만나는지 몰라요. 여기서는 자연과 깊이 교감하고, 전통과 지난 세대의 깊은 지혜가 전해지기 때문인 듯해요. 여기는 외적인 영향으로부터 비교적 자유로워요. 사람들도 더욱 자신을 지켜 가려고 하지요.

특히 중요한 결정을 내려야 할 때 내 안에 있는 현명한 노파에게 귀를 기울여요. 그럴 때면 고요한 곳을 찾아가죠. 내게 필요한 것이 내 안에 있다는 걸 알거든요. 내 안에 있는 현명한 노파와 결합해 나오는 결단은 일반적인 기준과는 달라요. 외적인 것은 중요하지 않아요. 지금 내게 속해 있는 것을 어떻게 잘 표현할 수 있는가 하는 것이 더욱 중요하죠. 내 안에 있는 현명한 노파는 내 몸에 귀 기울이라고 말해요. 내 몸 안에 나를 위한 더욱 깊은 지혜가 있어요.

자신의 지혜를 신뢰하지 않는 여자들은 그녀 자신에게 문제가 있을 때 불확실함을 느껴요. 그 마음에 자기보다 다른 사람들이 더 많이 들어와 있어서 그런 거죠. 이야기하다 보면 보다 깊은 지혜는, 그들 자신이 제기한 문제나 그들이 말한 소망에서 나타나요. 자신의 영혼이 자기에게 무엇이 필요한지 정확하게 알고 있죠. 자신의 지혜를 신뢰하지 않는 여자들이 자신의 능력을 믿고 강해졌으면 좋겠어요.

마르타와 마리아

| 여주인과 예술가

^A여자는 손님을 환대하는 여주인이다. 집에 맞이한 손님이 편하게 지내도록 대접한다. 자기 집을 아름답게 꾸민다. 또한 예술가이기도 하다. 환대하는 여주인과 예술가는 짝을 이룬다. 이 둘은 긴장 관계에 있기도 하다. 여주인은 자기 임무에 지나치게 몰두하는 반면, 예술가는 자기를 위해 시간을 쓴다. 예술가는 직관을 따른다. 창조적 아이디어를 발전시키기 위해 조용한 곳을 찾는다. 여주인과 예술가, 이 두 원형은 여자에게 내재한 능력과 만나게 한다.

그리스인 루카는 여자의 기품을 특히 좋아한 복음서 저자다. 그는 손님을 환대하는 여주인과 예술가가 어떻게 서로 경쟁하며 또한 짝을 이루는지 아름다운 만남을 통해 보여 준다. 예수는 제자들과 길을 가다가 한 마을에 들어갔다. "그러자 마르타라는 여자가 예수님을 자기 집으로 모셔 들였다. 마르타에게는 마리아라는 동생이 있었는데, 마리아는 주님의 발치에 앉아 그분의 말씀을 듣고 있었다. 그러나 마르타는 갖가지 시중드는 일로 분주하였다. 그래서 예수님께 다가가, '주님, 제 동생이 저 혼자 시중들게 내버려 두는데도 보고만 계십니까? 저를 도우라고 동생에게 일러 주십시오' 하고 말하였다. 주님께서 마르타에게 대답하셨다. '마르타야, 마르타야! 너는 많은 일을 염려하고 걱정하는구나. 그러나 필요한 것은 한 가지뿐이다. 마리아는 좋은 몫을 선택하였다. 그리고 그것을 빼앗기지 않을 것이다'"(루카 10,38-42).

루카는 대단한 이야기꾼이다. 단지 몇 마디로 이 두 자매의 성격을 소개한다. 여자들은 이 구절에 거부감을 느낀다. 자신들의 가사 노동이 평가 절하된다고 생각한다. 결코 그렇지 않다. 마르타와 마리아는 여자 안에 있는 두 측면이다. 그 둘은 여자의 본질에 속한다.

마르타는 손님을 환대하는 여주인이다. 고대에는 손님을 집에 재우는 것이 성스러운 일이었다. 손님 가운데는 이방인도 있다. 하느님이 이방인의 모습으로 찾아오시기도 한다. 하느님의 특별한 보호를 받는 이방인을 사람들이 어떻게 대하는지 보시고자 한다. 마르타는 예수가 편히 지내기를 바랐다. 그녀에게는 그것이 중요했다. 마르타의 시선은 예수가 무엇을 필요로 하는지에 가 있다. 예수와 제자들을 위해 서둘러 음식을 장만한다. 그 행동에 사심이 없었던 것은 아니다. 마르타는 예수에게 훌륭한 여주인이라고 인정받고 싶었다. 다른 여주인과 경쟁했고, 그들과 비교해 이기고 싶었을 것이다. 마르타가 단순하게 자기 행동에 몰입한 것이 아니라는 사실은 마리아에게 하는 행동을 보면 알 수 있다. 예수의 발치에 앉아 그분의 말씀을 듣는 마리아에게 신경질적으로 반응한다.

  이 두 여성상을 여자 안에 있는 두 측면으로 이해해 보자. 여자 안에 있는 마르타는 자기 행동에 몰두한 나머지 손님에게 무엇이 필요한지 깨닫지 못한다. 손님이 무엇을 원하는지 물어보지도 않고 대접한다. 손님에게 무엇이 적합한지, 실제로 무엇이 필요한지 알아보지도 않고 일을 시작한다. 기대했던 대로 인정받지 못하자 실망한다. 그녀는 손님과의 관계 속에 있지 않았다. 손님을 접대하는 안주인으로서 자기 의무에만 매달렸다.

  마리아는 손님의 말을 경청했다. 마리아는 손님이 무슨 말을 하는지 알고 싶었다. 손님은 어떤 것을 가지고 온다. 그는 그 자신을, 주의 깊게 살펴보아야 하는 어떤 낯선 것을 가지고 온다. 루카는 마리아가 예수의 발치에 앉아 그의 말씀을 들었다고 쓴다. 이는 고대부터 제자를 묘사할 때 쓰는 표현이다. 루카는 사울이 가말리엘 문하의 제자였다고 기술한다. 사울은 가말리엘의 학생이었다. 사울은 그의 발치에 앉았다. 이렇듯 마리아도 예수의 학생이자 제자다.

마리아는 우리 안의 경청하는 부분을 나타내는 상이다. 모든 사람은 행동하고자 하는 소리가 더 크고, 더 힘주어 주장하려고 한다. 예수는 우리 안의 듣는 부분을 편든다. 우리는 참으로 느끼기 위해서 행동을 멈춰야 한다. 타인에게 자기 행동이 필요한지, 그것을 원하는지 묻지도 않고 행동하는 여자가 많다. 자기가 행한 일을 인정받지 못할 때 마르타처럼 실망한다. 그럴 때 우리가 지금 행하는 것이 좋은 일인지, 지금 꼭 필요한 것인지 내면에 귀 기울여야 한다. 그리고 언제든 그만둘 수 있어야 한다. 마리아 없는 마르타는 맹목적이다. 그러나 마리아 또한 마르타가 필요하다. 마르타 없는 마리아는 행동하지 않고 듣기만 한다. 신비주의자 마이스터 엑카르트가 마르타를 편든 것은 의외다. 그는 마르타 없는 마리아는 자기 주변만을 맴돌 뿐이라고 말했다. 영성을 '기분 좋게 느끼는 것'으로 바꿀 수 있겠지만 그 영성은 나르시시즘에 빠질 수 있다. 마르타는 영적 길이 나아가야 할 방향, 즉 남을 돌보는 사랑으로 가야 한다는 것을 보여 준다.

루카는 마르타와 마리아를 통해 손님을 환대하는 여주인과 예술가의 원형을 보여 준다. 훌륭한 여주인인 여자가 많다. 그들은 손님에게 환대받는다는 느낌을 준다. 고향 같은 느낌, 안정감, 편안함과 사랑을 퍼트린다. 손님을 환대하는 여주인은 집을 아름답게 꾸미고, 식탁을 환상적으로 예쁘게 차리는 예술가이기도 하다. 손님을 맞이하는 태도에서 손님을 존중하는 마음이 느껴진다. 손님은 기꺼이 여주인의 영역 안으로 들어간다. 그곳이 사랑과 창조성으로 가득한 자리임을 느낀다. 여주인이 준비한 음식에서 사람들은 그녀가 얼마나 삶을 기뻐하며 지내는지 느낀다. 여주인은 생명을 선사한다.

루카는 마리아를 통해 예술가가 손님을 접대하는 여주인에게 언제나 동화되는 것은 아니라는 것을 보여 준다. 자주 그 반대편에 선다는 것을 보여 준다. 예술가는 자기를 위한 시간이 필요하다. 일만 할 수 없다. 창조적인 휴식이 필요하다. 예술가는 자신의 소리를 듣는다. 자기 안에서 새로운 아이디어를 일깨우는 낯선 이에게도 귀 기울여야 한다. 예술가는 자기 내면의 목소리, 직관에 귀 기울인다. 듣는 가운데 그 내면에 새로운 아이디어가 떠오른다. 예술가는 생명의 신비, 마침내는 하느님의 신비를 표현하는 직관적 여자다.

나는 손님을 환대하는 집에서 자란 것에 감사한다. 우리 부모님은 손님맞이를 언제나 중요하게 여기셨다. 성탄 대축일에 우리는 외국 학생들을 초대해 축제를 즐겼다. 이웃집 아이들이 우리 집에서 놀면 늘 같이 먹고 놀았다. 어머니는 날마다 새로운 사람들을 위해 요리하셨다. 식탁에 두서너 사람분을 더 챙기는 건 어머니에게 일도 아니었다. 어머니는 사람들이 우리 집에서 편안하게 느낄 수 있는 분위기를 퍼트리셨다.

우리 안에 있는 예술가는 기쁨에 부푼 여자, 자신의 중심에서부터 끄집어내어 표현하는 창조적인 여자다. 예술가는 가장 깊이 감동한 것을 표현한다. 기쁨이나 비애, 삶의 환희나 아름다움에 대한 이해가 그녀에게서 나온다. 그것이 그녀를 창조적으로 만든다. 자기에게는 예술가적 기질이 없다고 하는 여자들이 있다. 그들은 예술이라고 하면 멋진 그림을 그리거나, 시를 쓰고, 음악을 연주하는 걸로 생각한다. 그러나 그들도 일기를 쓰거나, 요리나 식탁 장식에 대해 말할 때, 홀연히 자기 안에 예술가가 있음을 느낀다. 어떤 여자들은 예술가적 측면을 펼쳐 볼 시간이 없다고 한다. 예술은 생산적이지 않다는 부모님의 말을 귀에 못이 박히도록 들었다. 그들은 좀 더 의미 있는 것을 해야 한다고 말한다. 그러나 여자는 예술가적 소질을 표현할 때 자기 안에 집중하고 몰입할 수 있다. 그때 새로운 힘을 모으고, 어려움에서 벗어난다. 자기에게 새로운 날개가 달린 듯하다고 느낀다.

더 나아가 예술가의 측면은 가벼운 것, 노래, 춤, 자신에게서 벗어나 감각으로 표현하는 즐거운 것이다. 예술가는 삶에 색을 입힌다. 일을 쉬거나, 자유로울 수 있으며, 다른 사람에게 삶의 기쁨을 전염시킬 수 있다. 예술가는 이 기쁨으로 무거운 삶과 가벼운 삶의 균형을 맞출 수 있다. 예술가가 없으면 우리 삶은 메마르고 기쁨이 사라지며, 의무만 남고 능률만 따지게 된다.

예술가는 고통 속에서 자신의 가장 위대한 표현력을 발견하곤 한다. 이는 여자의 삶에 꼭 필요하다. 예술가는 내면의 무질서를 창조적으로 표현하며, 그것을 통해 치유의 능력을 펼친다.

🅐 마리아는 경청하며 자기를 잊었다. 그 순간에 온전히 존재했다. 자기 행동의 이득을 묻지 않는다. 예술가는 언제나 자유로운 여자다. 예술가는 의무가 아니라 자기 직관에 의해 규정된다. 자기에게 맞는 것을 행한다. 예술적 표현에서 그녀는 온전히 실재한다. 그 순간에 자기를 내어 준다. 그녀는 창조적이다. 내면의 소리를 경청하기 때문에 이전에는 자기에게서 전혀 알지 못한 새로운 것이 그 안에 나타난다.

🅛여자가 자기 내면의 예술가 측면과 오래 접촉하면 얼마나 이 능력을 모르고 있었는지 깨달을 것이다. 이를 통해 여자들은 자기 안에 얼마나 많은 끼가 있으며 그것을 표현하고 싶어 하는지 말한다. 여자들은 예술가에 대해 떠오르는 것을 이렇게 적었다. "아무것도 하지 않는 달콤한 시간." "자발적으로 살기, 여가, 자기 배려, 환상적인 것." "삶의 멜로디를 노래하는 것." "살아 있음을 느끼는 직접적인 방법." "남이 내 창조성을 인정하는 것." "예술가가 될 수 있는 것은 하느님의 놀라운 선물이다." "예술은 내적 자유를 주며, 내 영혼에 날개를 달아 준다." "자기를 표현하고, 힘을 보충하는 것, 그러고 나면 균형이 잡힌다." "창조성은 생의 기쁨이다." "나를 표현하고, 내 안에 숨은 잠재성을 생동하게 하는 것." "해방." "삶의 기술." "내 삶의 예술가가 되자."

🅐예술가는 자기 삶을 잘 만들어 가는 기술을 아는 여자다. 삶의 기술에 능하다. 상황이 썩 좋지 않을 때도 생의 기쁨을 누린다. 삶을 아름답게 만들 수 있는 삶의 기술자다.

🅛예술가의 부정적 측면은 자기를 과장하고 감흥을 인위적으로 만들 때 나타난다. 예술가는 히스테리를 부릴 위험이 있다. 마음에서 익은 것을 묘사하기보다 자기를 광고하는 데 급급하다. 자

기를 잘 팔아야 한다. 괴로울 것이다. 참된 예술가는 자기를 잊는다. 자기를 표현하려 하지 않는다. 존재의 신비를 표현한다. 예술가는 자기가 느끼는 것에 다른 사람이 받아들여 환대하는 여주인이다. 그녀는 자기 주위만 맴돌지 않고 손님과 공감한다. 자신에게서 나와서 타인에게 간다. 예술이 결실을 맺으려면 예술가에게 이 관계가 필요하다.

🅐예술이 늘 쉽고 아름다운 것은 아니다. 우울증으로 괴로울 때 창조적 에너지를 내뿜는 예술가가 많다. 그러나 우울함에 빠져 있지만은 않는다. 그것을 잘 다듬는다. 예술가는 고통의 경험을 이끌어 표현 능력에 집중한다. 자기 안에 있는 어둠, 무질서, 혼돈을 표현한다. 그 예술은 자신과 그 작품을 만나는 사람을 치유한다. 예술적으로 표현하는 것은 치유의 과정이다. 부정적 감정에 휩쓸려 자기를 잃지 않고 어둠과 부정적 에너지를 잘 다루어 흐르게 한다. 흐르는 것은 굳은 것을 변화시키고 치유한다.

🅑우리의 창조성은 내적 풍요로움이고, 우리는 언제나 거기에서 길어 올릴 수 있다. 유명해지고 찬사를 받는 것은 중요하지 않다. 우리가 자신의 깊은 내면과 결합해 감각적이고 재미있게 그 내면을 어떤 형태로 표현하는 것이 중요하다.

Anselm_ 너는 집이 언제나 손님에게 열려 있다는 것을 중요하게 여기니? 자기 안에 있는 예술가를 어떻게 경험하지?

Linda_ 저도 오랫동안 내 안에는 예술가가 없다고 생각했어요. 그러다 가족을 위해 요리할 때 문득 이 일이 아주 창조적이라는 생각이 들었어요. 내 안에 있는 예술가를 찾으면 찾을수록, 점점 더 예술적인 것을 발견하게 되었지요. 손님을 환대하는 여주인의 원형도 풍성하고 즐겁게 살아 냈지요. 다른 사람을 내 집에 맞아들여 그들의 인생 경험을 나누는 일은 제게 큰 기쁨이었어요. 외국인들도 우리 집에서 살았던 적이 있어요. 그들은 안정감을 느꼈고 저는 더 넓은 세상을 체험했죠.
제가 알고이에 이사 와서는 여주인의 측면이 그렇게 중요하지 않았어요. 여기에서는 예술가가 도움을 주었지요. 글을 쓰면서 가장 깊은 내면을 표현했지요. 글 쓰는 일은 저를 투명함으로 이끌었어요. 세미나에서 내가 전하고 싶은 것에 딱 맞는 표현을 찾는 것도 바로 예술가죠.

리디아

| 여사제

ᴬ 거의 모든 고대 종교와 문화에는 여사제가 있다. 그리스에서 여사제는 아르테미스 신전이나 디오니소스 신전에서 중요한 역할을 했다. 로마에는 성스러운 불을 수호하는 베스타 여신을 섬기는 신녀들이 있었다. 로마 시대에 여자들은 특별한 방식으로 신비제의에 참여했다. "여자는 모든 영역, 즉 탄생, 성년, 죽음과 부활, 봉헌과 성찬의 예식을 집행하는 여사제였다"(Riedel 149).

게르만인들에게는 풍년을 기원하거나 점복하는 여사제가 있었다. 종교사에서 여사제는 한 원형이며, 오늘날에도 모든 여자 안에 있는 어떤 본질적 힘을 불러일으킨다. 즉 변화의 능력과 성스러운 불을 지키고 보호하는 힘이다.

신약성경은 어떤 직위나 제의의 의미로 여사제를 말하지 않는다. 초대교회에서는 여자도 남자와 똑같이 예수를 따랐다. 초기 공동체에서 중요한 역할을 한 여자가 많았다. 루카는 사도행전에서 자색 옷감 장수 리디아에 대해 말한다. 그녀는 리디아의 티아티라 시 출신이었는데, 그곳은 자색 옷감으로 유명했다. 리디아는 부유한 여자였다. 자기 사업체를 일구고 값나가는 물품을 유럽에 판매해 부를 쌓았다. 그녀는 코린토에서도 바오로를 후원했다. 리디아는 하느님을 섬기는 여자였다. "바오로가 하는 말에 귀 기울이도록 하느님께서 그의 마음을 열어 주셨다"(사도 16,14). 그녀는 온 집안과 함께 세례를 받고, 바오로와 동행자들을 자기 집에 머물도록 했다. 그 집은 가정 교회로서 바오로를 위한 선교 지원처가 되었다. 바오로와 실라스가 필리피의 감옥에서 풀려났을 때 그들은 다시 리디아에게 갔다. "리디아의 집으로 가서 형제들을 만나 격려해 주고 떠났다"(사도 16,40). 공동체 구성원들은 정기적으로 이 부유한 여자의 집에 모였고 그녀는 공동체 후견인이 되었다.

리디아에 대해서 알려진 것은 많지 않다. 그녀는 코린토의 포이베, 로마의 프리스카, 마리아, 유니아, 트리포사, 율리아, 필리피의 에우오디아와 신티케와 같이 초대교회에 중요한 역할을 했던 많은 여자 가운데 한 명이다. 이 여자들은 공동체가 모일 수 있도록 자기 집을 내어 놓기도 했다. 남자들과 똑같이 미사에 참례했다. 그들은 예언하고 기도하며 성찬례를 행하기도 했다. 고통을 겪는 자들을 도와주고 선교사들을 지원했다(Weiser, *Die Frau im Umkreis Jesu* 130 참조). 여자들은 사도들과 똑같이 공동체의 지도자 역할을 수행했다. 그들도 동등한 제자였다. 그러나 여자들은 일찍 물러났다. 영지주의만 여자에게 동등한 직위를 주었다. 영지주의에서는 여자가 세례를 주거나 예언을 했다. 초대교회 여러 지역에서 여자가 주교직 역할을 맡았다(Frau, *RAC* 238 참조).

오늘날 여자 안의 사제는 한 가지 직위나 기능에 한정되지 않는다. 이는 여러 형태로 표현되는 여자의 내면적 특성이다. 여자 안의 사제상을 남자의 직위로만 한정해 정의해서는 안 된다. 그러면 내적으로 자유롭지 못하게 된다. 다른 사람이 인정하느냐 그렇지 않느냐로 여자 안의 사제상을 평가하게 된다. 여자들이 내면적으로 이 제한을 받아들이고 우리의 영적 부분에 대한 책임을 다른 사람에게 전가하는 것이다. 이렇게 제한하는 구조에서 내면적으로 벗어나야 외면적으로 변화할 수 있다. 여자는 자기 안의 사제상을 살아 내고 다른 여자에게 전해 줄 수 있다. 모성적인 여자가 실제 어머니일 필요는 없으며, 여왕 같은 여자가 이 여성적 힘을 표현하기 위해 여왕의 자리에 앉아야 할 필요는 없는 것과 같다.

🅐 성스러운 불의 여신인 여사제상은 여자의 본질을 말해 주는 아름다운 상이다. 사제 같은 여자는 이 세상에서 성스러운 불을 지킨다. 불은 사랑과 온기를 상징한다. 차갑고, 메마른 세상에서 서 여사제는 신성한 사랑의 불을 지킨다. 그것으로 이 세상을 섬긴다. 그 불은 성스러운 불이다. 성스러움은 세상에서 벗어난 것이다. 세상은 성스러움 앞에 무력하다. 사제 같은 여자에게는 성스러움에 대한 감각이 있다. 자신 안에 있는 성스러움을 느낀다. 이 세상이 여자 안의 성스러움에 힘쓰지 못한다. 사람들의 판단과 선입견이 들어오지 못하는 내적 공간과 접촉한다.

🅑 여사제는 여자의 영적 부분을 표현하며 하늘과 땅을 연결한다. 인간적인 것과 신적인 것을 결합하려고 한다. 일상에서 생명의 깊은 의미를 추구한다. 사제상을 표현하는 몸짓이 있다. 여사제는 두 발로 땅을 딛고 서서 하늘을 향해, 신적인 것을 향해 손을 뻗는다. 자신의 일상에서 고통과 기쁨, 실패와 성취를 경험하고 그 모든 것에서 자기를 넘어 그보다 더 위대한 어떤 것을 가

리킨다. 여자는 힘든 상황 속에서 자신의 가능성과 능력이 다하면 하늘을 향한 능력에 자기를 연다. 모든 것을 스스로 해결할 수 없음을 느낀다. 자기 한계를 경험하면 보다 높은 힘을 바라게 된다. 두려움을 경험했다면 그들은 다시 위를 향해 손을 뻗어 보다 큰 신뢰를 느낀다.

자신이 전혀 종교적이지 않다고 생각하는 여자들도 이 여사제상이 자신에게 말을 건다는 것을 느낀다. 이 여성상을 따라가려는 갈망을 자기 안에 품는다.

여자는 고통에서 벗어나기 위해 자기 안에 있는 여사제를 활용한다. 고통 너머로 자기를 들어 올리는 힘이 여사제다. 한 여자가 어릴 적에 자기를 도와주는 표현할 수 없는 어떤 힘을 느꼈다고 했다. 자기 안에 있는 여사제와 접촉하고는 바로 그 힘이 항상 자기를 도와주었음을 깨달았다고 했다. 내면의 여사제는 영적 지도자이자 동행자다. 여사제상은 내적 힘이다. 그 힘으로 여자는 살 수 있고, 이를 다른 사람에게 전한다. 여사제는 보듬고, 세워 준다. 그 자비를 비춘다. 사람들의 겉모습이 아닌 더 많은 것을 볼 수 있는 법을 가르쳐 준다. 사람들이 처한 내적 어려움을 느끼는 감각이 있다. 여사제는 고통을 겪는 사람 안에서 신성한 것을 발견하려고 한다. 보이는 것만으로 사람을 판단하지 않는다. 그 사람 안에 보다 위대한 것, 구원을 감지한다. 여자 안의 사제는 자기의 고통, 실망, 회의를 통과해 다시 믿을 수 있는 힘을 준다. 그 힘은 자기를 똑바로 세울 수 있는 힘이다.

🅐여사제상은 여자에게 성스러운 내면의 공간으로 들어가야 할 때를 느끼게 한다. 여사제상은 언제나 보다 깊은 근원에서 살기를 갈망한다.

🅛여자가 사제로서의 은총을 살아 낼 수 없을 때 외적인 것에서 성취감을 찾으려고 한다. 그러면 휴가를 어떻게 보낼지, 어떤 옷을 입을지, 어느 식당에서 우아하게 먹을 수 있는지에서 삶의 의미를 찾으려고 한다. 여사제상의 부정적 측면이다. 대지에 발을 붙이지 못하고 빛을 향해서만 나아가려고 한다. 겉모양만 경건한 척 꾸미고 자기 그림자를 보지 못할 때가 있다.

🅐여자 내면의 사제는 인간의 삶에서 하느님의 흔적을 발견하고 그 흔적을 해석한다. 여자에게는 인간 안에 계신 하느님의 흔적을 감지하고 해석하는 특별한 능력이 있다.

  옛날에는 여사제가 심리치료사 역할을 했다. 여자들이 치유 예식을 맡았다. 정결 예식에서 여자는 중요한 역할을 한다. 여자들은 본능적으로 인간의 상처를 예민하게 느낀다. 그들은 인간의 상처를 치유하는 예식을 알고 있다. 여자 내면의 사제는 병자 안에 온전하고 건강한 핵이 있다는 것을 안다. 모든 사람의 가장 깊은 근원은 신성이다. 질병 한가운데서도 신성을 발견할 수 있다면 그 병은 파괴하는 힘을 잃는다. 질병이 내 안의 신적 핵심으로 가는 길이 될 수 있다. 여사제가 걷는 치유의 길은 언제나 영적 차원과 연관된다. 인간을 신성한 핵심으로 이끈다.

그 외에도 인류 역사 초기에 여사제는 풍요 제의를 행하고 예언을 했다(Neumann 273 참조). 여자는 다산의 의미를 알고 있다. 여사제에게는 생물학적 다산뿐 아니라 정신적 다산이 중요했다. 열매 맺는 것은 인간에게 속한 것이다. 에릭 에릭손은 '생성'(Generativität)에 대해 말한다. 인간은 자기가 만든 것을 돌아보아야 한다. 여사제는 다산성을 북돋운다. 테야르 드 샤르댕에게는 친한 여자 친구 세 명이 있었다. 그들과 나눈 우정에서 여자의 이런 측면을 경험했다. 여자는 작품에 영감을 불어넣었다.

남자에게 그의 여자는 '영감을 불러일으키는 여자'(femme inspiratrice)다. 그녀는 남자의 창조성을 북돋운다. 그 안에서 생명을 불러낸다.

세미나에서 여자들끼리 여사제에 대해 깊이 대화를 나눈 적이 있다. 그러고는 삶의 여러 영역에서 그것을 재발견했다. 그들은 여사제에 대해 이렇게 썼다. "여사제는 하느님과 인간을 중재하고 … 인간에게 하느님을 더 가깝게 하며 …. 나는 그런 일을 동경한다." "나는 아이들에게 신앙을 접하게 한다. 우리 가족에게 신앙이 삶의 일부가 되었으면 좋겠다." "여사제는 사람들이 자기 자신과 하느님을 발견하도록, 그것을 통해 자기 삶을 더 잘 극복하도록 도울 수 있다. 여사제는 치유할 수 있다. 여사제는 내적 평화를 발견하고 그 평화로부터 치유한다." "내가 바라는 것이다!" "여사제가 내 안에 있지만 아직 분명히 표현하기 힘들다." "삶에 대한 깊은 신뢰." "더 크고 자유롭게 비어 있는 공간." "내가 그렇게 될 수 있을까?" "우리는 아이들에게 믿음에 대해 알려 주는 첫 번째 '사제'다." "사랑과 기쁨을 위해 존재하며 하늘과 땅을 결합하고 나를 통해 세상 안으로 사랑과 기쁨이 흐르게 하는 넘치는 그릇. 성스러운 춤은 이를 위한 수단 또는 길이다." "우리 모두는 세례 받을 때 기름부음을 받았다. 성경에서 사제와 왕, 예언자들이 기름부음을 받았던 것처럼 말이다."

🅐 여사제는 위대한 변화를 일으키는 여자다. 마리아에게서 사제와 같은 여자의 신비를 보았다. 여자는 변화의 비밀을 안다. 여자는 탄생과 죽음에 친숙하다. 모든 변화는 탄생과 죽음에서 일어난다. 여자는 사제적 측면을 통해 사람이 도달한 것에 정주해

서는 안 된다고 느낀다. 발전은 언제나 죽고 새로 탄생하는 것에서 일어난다. 살아 있고자 하는 사람은 변화되어야 한다. 성체성사에서 사제는 빵과 포도주를 예수 그리스도의 몸과 피로 변화시킨다. 여자 안의 사제는 일상에 신성을 투과하기 위해 변화를 일으킨다. 하느님은 우리가 행하는 모든 것에서 만나기를 원하신다. 모든 것은 하느님이 구원하고 사랑하심을 알리는 표상이 된다. 모든 것이 하느님의 변화시키는 능력을 보여 주는 표상이 될 수 있다.

Anselm_ 너는 자신만의 사제적 측면을 경험해 보았니?

Linda_ 저는 몇 년 전에 사제적인 측면을 경험했어요. 그전에는 그런 측면을 제게서 몰아냈어요. 아직도 내 안에 교회에 대한 반감이 있었기 때문이죠. 내 안에 있는 여사제에 대해서 별로 알고 싶지 않았어요. 내 안에 있는 사제의 능력이 무엇을 할 수 있는지에 대해 보여 준 상을 찾지 못했어요. 그러나 힘든 상황에서 내 안에 사제가 있고, 나에게 강한 힘을 준다는 것을 분명하게 느꼈어요. 하지만 그 그림자를 잘 알고 있어요. 그것을 민감하게 느끼려고 해요.

맺으며

🔳 '여왕과 야성녀'에 대한 세미나에서 나는 일곱 여성상을 제시했다. 안셀름 신부님은 그 일곱 여성상을 성경의 여성상과 결합하고, 거기에 일곱 여성상을 더했다. 그리하여 이 책에서 여성성에 속한다고 생각되는 다양한 여성상 열넷을 묘사했다. 여자는 예술적이고, 지혜롭고, 사랑스럽고, 어머니 같고, 웃고, 싸우고, 여왕 같고, 야성적이다. 여성성은 무지개의 빛깔처럼 다양한 색을 띤다.

🅐 원형적 상에 대해 말할 때는 오래전부터 인간의 마음을 움직인 영적 체험이 중요하다. 이 원형적 상들은 여자가 자기 안에 지니고 있는 힘, 겪어 낸 체험을 말해 준다. 그것이 여자에게 의식될 수 있고 그렇지 않을 수도 있지만, 그 원형들은 여성성을 표현한다. 여기서 말한 원형들이 여자의 다양성을 다 포괄하지는 못한다. 그러나 이 원형들은 여자가 타인에 의해 결정되지 않고 자신의 힘으로 산다면 무엇을 성취할 수 있는지 분명하게 보여 준다. 또한 힘든 상황에서도 자기 힘을 신뢰해야 한다고 말하고 있다.

성경 속 여자 열넷은 책임을 졌다. 자신의 삶을 소중히 여겼다. 결단을 내렸고, 그 결단은 새로운 에너지를 내뿜었다. 상황을 탓하지 않고 변화시키기 위해 힘을 쏟았다.

그러나 이들이 여자의 이상향은 아니다. 밑바닥까지 내려가서야 비로소 자기 힘을 발견하기도 했다. 그들은 무시당하고, 부당한 일을 겪었다. 똑바로 설 때까지 고독과 무력감을 경험했다. 오랫동안 누군가 해결해 주기를 기다리면서 그 어려움들이 점점 더 커지기도 했다. 그러나 결국 해결책이 자기 안에 있음을 깨닫는다. 이 힘든 상황을 벗어나기 위해 필요한 모든 힘이 자기 안에 있음을 깨닫는다.

그 모습은 오늘날 우리 여자들과 다르지 않다. 우리도 상황의 희생자라고 느낄 때가 있다. 누군가 그 상황을 변화시켜 주기를 기다린다. 여자들이 자기를 희생자라고 느낄 때, "어쩔 수 없었어요" 또는 "내 남편 혹은 연인, 아이, 동료, 상황이 달라진다면 좀 나아질 텐데" 하고 말하곤 한다. 우리의 공격성을 이용해 상황을 바꾸려 하기보다 고통을 겪는다. 그러나 우리 힘만으로도 어떤 것을 움직일 수 있다. 그러면 다른 사람들도 태도를 바꾸어야 할 것이다. 어떤 새로운 것을 일으키고 생동하게 할 수 있다.

우리 안에 있는 여전사는 희생에 맞서 말할 것이다. "네 힘을 사용해. 너를 믿어! 네 조건을 제시하고, 네게 필요한 것을 말해!" 우리 안의 여왕은 희생자에게 분명하게 말한다. "너 자신을 왜소하게 만들지 마. 너를 똑바로 세우고 네 위엄을 보여 줘. 너에게는 충분한 가치가 있어. 네 힘에 주목하고, 그것에 책임져. 너 자신에 대해 결정해!"

야성녀의 힘은 우리를 뒤흔들 것이다. "너의 사랑스러움, 귀여움 따위는 날려 버려! 마음에 들지 않을 때는 순응하지 마! 누군가 너의 경계를 넘어 들어올 때는 네 불같은 면을 보여 줘! 내면의 소리에 귀 기울여 봐. 느낀 대로 행동해. 남들의 기대에 따라 행동하지 마. 너 자신에게 생존의 권리를 줘야 해. 어느 누구도 너를 대신해 주지 않아!"

여성성의 어떤 측면이 우리를 강하게 하고, 도울 수 있을까? 우리는 다양한 여성상 가운데 선택할 수 있다.

성경 속 여자들이 그러했듯 우리도 스스로 설 때까지 힘든 시간을 보낸다. 우리가 지금 이대로 머무르려 한다면 타인이 우리를 죄책감에 매어 놓으려 할지도 모른다. 삶은 생각대로 흘러가지 않는다. 그때마다 원망하기만 한다. 타인이 나를 평가하고, 내 가치를 빼앗아 가도 내버려 둔다. 행동하지 않고 견디기만 한다. 행동하지 않는다고 자기를 비난한다. 성경 속 여자들도 그랬다. 그러나 그 시간은 우리가 일어서기 위해 내적 힘을 모으는 인내의 시간일 수 있다.

더 이상 자신을 비난하지 말아야 한다. 우리는 어떤 약점도 허용해선 안 되고, 강해야 하고, 삶을 주도해야 한다고 생각한다. 완벽한 여자는 없다. 나에게 속한 모든 것이 '나'이다. 우리는 살아 있는 것의 어머니인 하와다. 거기에는 우리가 아직 어찌할 바를 모르는 어린 소녀이기도 하다는 것도 포함된다. 거기에는 누군가 한마디로 나를 약하게 할 때, 내가 약해지려 한다는 것을 느낄 때까지 시간이 걸린다는 것도 포함된다. 어떤 상황에서 원했던 대로 행동하지 못했다고 인정하는 것도 거기에 속한다. 있는 그대로 자신을 받아들이는 것은 사랑하는 사람의 능력이다. 현명한 여자는 존재하는 것을 인식하고 허용한다. 자기 연민에 빠져 있지 않도록 길을 가리켜 준다. 그에 맞서 무엇인가 하라고 요구한다. 상황을 변화시킬 만큼 성숙해야 자기 본성을 안다. 야성녀는 우리를 이끈다. 우리 힘과 아름다움을 보여 줄 때가 되었다고 말한다. 야성녀는 자연의 섭리를 안다. 겨울에 꽃이 피기를 요구하지 않는다. 야성녀는 자기 본성의 능력을 신뢰하기 때문에 꽃봉오리가 필 때까지 시간을 준다. 자기 본성에 대한 신뢰는, 자기라는 왕국 안에서 여왕으로서 결정을 내리도록 그녀를 자유롭게 한다.

🅐 이 책에 나오는 여자들도 살면서 힘들고 부당한 일을 겪었다. 그들은 주저앉아 있지만은 않았다. 자기 힘으로 상황을 변화시키려고 노력했다. 오늘날 여자들도 그런 여자를 모범으로 삼을 것이다.

🅑 우리가 자신의 여성적 느낌을 신뢰하면 언제 이 상황이 지나가는지 알 수 있다. 상황을 개선하기 위해 어디에서 변화되어야 하는지도 알 수 있다. 자기를 위한 사랑과 가치를 스스로 발견하기 위해 모든 것을 잃어야 할 때가 있다. 그러면 자신의 느낌과 삶에 대한 소망에 집중하게 된다. 이 집중은 행동으로 이어진다. 자신에 대해 책임질 수 있는 사람은 자신뿐임을 알게 된다.

내면의 소리에 귀 기울이면 무엇을 변화시켜야 하는지 알게 된다. 그러나 어떤 새로운 것을 표현하려고 하면 낡은 것을 떠나 보내야 한다는 불안이 밀려든다. 나에게 무엇이 더 중요한지 확실하지 못해서 분열된 것처럼 느낀다. 새로운 것에 대한 불안인지, 환희인지 분별하기 힘들다. 여자 안에 있는 여왕은 결단을 내린다. 가치를 묻는다. 가치를 안정과 신뢰에 둘 것인가, 위험과 호기심에 둘 것인가? 더 큰 의미, 우리의 생동성을 더 느끼게 하는 것을 선택한다. 자기가 내린 결정에 책임지는 사람은 자신이다. 여왕은 "그 결정은 잘못된 것이었어" 하고 뒷북치면서 자신을 약하게 만들지 않는다. 여왕은 자신을 믿게 한다. 우리는 경험했고, 그 경험을 바탕으로 다시 새롭게 결정할 수 있다.

성경 속 여자들은 독자적으로 행동하고 그 결과를 짊어졌다. 그 행동을 통해 의존에서 벗어나 자유로워졌다. 그들은 자기 나라의 여왕이 되었으며, 책임졌고, 독립적이 되었다. 그들도 여성성이 무시되는 경험을 했다. 그러나 그런 것으로 자신이 결정되도록 두지 않았다. 그들은 독자적으로 자신의 가치를 평가했다. 이는 오늘날에도 여자들을 이끈다. 우리 문화에서는 그리스도교적 가치에 의해 각인된 것이 많다. 사람들은 예수가 어떻게 여자들을 대했는지 성경을 통해 보았다. 그러나 우리는 그 성경 속 이야기들을 내면화하지 못했다. 여자들을 대하는 예수의 태도는 분명했다. 예수는 여자를 평가절하하지 않았고 왜소하게 만들지 않았다. 여자들이 사회 규범에서 벗어났다고 비난하지 않았다. 반대로 그들의 여성적 가치에 주목했다. 여자들이 자신의 가치를 발견하면 그들의 삶은 바뀐다. 여기에 모든 여자를 위한 지향점이 있다. 우리는 자신의 가치를 잘 받아들이지 못한다. 그 대신 타인이 우리 삶에 덮어씌운 열등감을 선택한다. 우리는 그러한 압박에서 벗어나 자신의 가치를 알고 살아갈 때가 되었다.

우리는 여기 소개된 모든 원형을 동시에 살아 내지 못한다. 한 측면만 살아 낼 수 있다. '여왕인가, 야성녀인가' 하는 것은 중요하지 않다. 우리 여성성에는 여러 얼굴이 있다. 살면서 닥치는 여러 상황에서 이렇게 물을 수 있다. "여기에 내 여성성의 어떤 측면이 결여되었지? 지금 이 상황을 깊게 보게 하고, 새로운 통찰을 하게 돕는 현명한 여자가 필요한가? 여자로서의 존엄을 지키기 위해 자신의 경계를 분명하게 그어야 하는 여전사인가? 굳어져서 변화되어야 할 것을 느끼는 변화를 일으키는 여자인가? 모든 의무를 옆으로 치워 놓고, 보다 가벼운 것에 몰두하는 예술가인가? 지금 어떤 상이 내게 힘을 줄까? 내가 무엇에 환희를 느끼고, 어떤 것이 살아가는 기쁨을 줄까?"

우리 힘은, 그 힘을 사용하고 그 힘에 기뻐하라고 주어진 것이다. 우리 안에는 여성성의 모든 측면이 있으며, 여러 측면을 서로 결합할 수 있다. 나는 여왕일 수 있고, 야성녀이며 동시에 웃는 여자일 수 있다.

🅐 그런 의미에서 나는 여자들이 이 책의 열네 원형을 모두 살아냈으면 좋겠다. 자신 영혼 안에 이미 놓여 있는 잠재성을 발견하고 세상을 여성적 가치로 채우기를 바란다. 그 여성적 가치가 세상을 좀 더 인간적으로 만들 것이다. 더 다채롭고, 따뜻하며, 사랑으로 가득한 여자의 잠재성을 점점 더 펼쳐 갔으면 좋겠다.

🅛 모든 여자가 자신의 여성적 감각을 믿고, 자신의 강함을 드러낼 수 있는 용기를 얻었으면 좋겠다. 자신의 여성성을 기뻐하고, 있는 그대로 자신을 사랑하기를 바란다.

참고문헌

Angelika ALITI, *Die wilde Frau, Rückkehr zu den Quellen weiblicher Macht und Energie,* Hamburg 1994.

Doris BISCHOF-KÖHLER/Norbert BISCHOF, Der Beitrag der Biologie zu einer Anthropologie der Frau, in: *Die Frau in der Sicht der Anthropologie und Theologie,* hrsg. von Herlinde Pissarek-Hudelist, Düsseldorf 1989, 91-119.

Jean Shinoda BOLEN, *Göttinnen in jeder Frau, Psychologie einer neuen Weiblichkeit,* München 1997.

―, *Feuerfrau und Löwenmutter, Göttinnen des Weiblichen,* Düsseldorf/ Zürich 2002.

Yolanda CADALBERT-SCHMID, *Sind Mütter denn an allem Schuld?*, München: Kösel 1992.

Ulrike DAHM, *Die Kraft des Nein, Wegweiser zur Entscheidungsfreiheit für Frauen*, München 1997.

Clarissa P. ESTÉS, *Die Wolfsfrau, Die Kraft der weiblichen Urinstinkte*, München 1993.

Erich FROMM, *Die Kunst des Liebens*, München 1995.

Hanna-Barbara GERL, *Die bekannte Unbekannte. Frauen-Bilder in der Kultur- und Geistesgeschichte*, Mainz 1989.

Esther HARDING, *Frauen-Mysterien einst und jetzt*, Berlin 1982.

Nina LARISCH-HAIDER, *Frau sein – Mann sein. Der Weg zu einem neuen Verständnis*, München 1996.

Janne Haaland MATLARY, *Blütezeit. Feminismus im Wandel*, Augsburg 2001.

Magda MOTTÉ, *Esthers Tränen, Judiths Tapferkeit. Biblische Frauen in der Literatur des 20. Jahrhunderts*, Darmstadt 2003.

Erich NEUMANN, *Die Große Mutter. Eine Phänomenologie der weiblichen Gestaltungen des Unbewußten*, Olten 1974.

Annemarie OHLER, *Frauengestalten der Bibel*, Würzburg 1987.

Helmut PLESSNER, *Lachen und Weinen*, Tübingen 1941.

Ingrid RIEDEL, *Die weise Frau in Märchen und Mythen*, München 1995.

Maria SCHWELIEN/Elisabeth MOLTMANN-WENDEL/Barbara SAMER, *Erde – Quelle – Baum. Lebenssymbole in Märchen*, Stuttgart 1994.

Aurelia SPENDEL, *Mit Frauen der Bibel den Glauben feiern*, Freiburg 2002.

K. THAEDE, "Frau", in: *RAC*, 197-269.

Karin WALTER, *Frauen entdecken die Bibel*, Freiburg 1986.

Alfons WEISER, "Die Frau im Umkreis Jesu in den urchristlichen Gemeinden", in: *Die Frau in der Sicht der Anthropologie und Theologie*, hrsg. von Herlinde Pissarek-Hudelist, Düsseldorf 1989, 120-137.

Marion WOODMAN, *Heilung und Erfüllung durch die Große Mutter*, Interlaken 1987.